中小学教师论文写作新论

学术规范与学术前沿

赖一郎 著

北京师范大学出版集团
BEIJING NORMAL UNIVERSITY PUBLISHING GROUP
北京师范大学出版社

图书在版编目（CIP）数据

中小学教师论文写作新论／赖一郎著．—北京：北京师范大学出版社，2024.3

ISBN 978-7-303-29130-4

Ⅰ.①中… Ⅱ.①赖… Ⅲ.①中小学—教学研究—论文—写作 Ⅳ.①H152.3

中国国家版本馆 CIP 数据核字（2023）第 089440 号

营 销 中 心 电 话 010-58805385
北京师范大学出版社主题出版与重大项目策划部

ZHONGXIAOXUE JIAOSHI LUNWEN XIEZUO XINLUN：
XUESHU GUIFAN YU XUESHU QIANYAN

出版发行：北京师范大学出版社 www.bnupg.com
北京市西城区新街口外大街 12-3 号
邮政编码：100088

印　　刷：鸿博睿特（天津）印刷科技有限公司
经　　销：全国新华书店
开　　本：730 mm×980 mm 1/16
印　　张：11.25
字　　数：134 千字
版　　次：2024 年 3 月第 1 版
印　　次：2024 年 3 月第 1 次印刷
定　　价：48.00 元

策划编辑：郭　珍　　　　责任编辑：姚安峰
美术编辑：王齐云　　　　装帧设计：王齐云
责任校对：陈　荟　杨磊磊　　责任印制：马　洁　赵　龙

自 序

教科研写作：带着问题实践与读书

打开这本书，意味着你有发表论文的刚需。但是，你的刚需并不是社会的刚需，必须换位思考。

请转换视角，思考为什么要出版刊物。

期刊的出现，最早在欧洲。在交通、通信不发达的年代，生活在不同地方的人有时会在同一个时间研究同一个问题。他们主要采用通信的方式交流。到 17 世纪中叶，欧洲已经有 200 多个学术组织，人们频繁地进行学术交流，这时，传统的信函交流已经不能适应时代发展的需要，定期出版的论文汇编应运而生。1665 年，法国人萨洛创办了世界上第一份期刊——《学者杂志》(也有学者认为最早的杂志是德国人约翰·里斯特创办的《每月评论启示》)。随着现代科学的发展，综合性期刊逐渐满足不了学科细化的要求，于是专业性期刊产生了。1778 年，英国出现了世界上第一份专业期刊——《化学会志》；1823 年，英国又出现了医学专业期刊——《柳叶刀》；1869 年，英国人约瑟夫·诺尔曼·洛克耶创办了期刊——《自然》；1880 年，美国人爱迪生创办了期刊——《科学》。

中国的第一份期刊是 1833 年创刊于广州的英文版刊物《东西洋考每月统记传》，以介绍西方科学技术为主要内容，同时也介绍中国古代文化。随着中华人民共和国的成立，一些被迫停刊的进步期刊纷纷复刊；“文化大革命”期间，我国的期刊经历了一个在曲折中前进的艰难历程；改革开放以来，我国的期刊业迅猛发展。

然而，无论国内外期刊业如何发展，都不离其初心——专业的学术交流。期刊的编委会主任是该期刊所涉专业的领军人物，期刊编辑的工作主要依靠一系列的规章制度来维系，而其核心是“三审制”。“三审制”是由国家规定并长期实行的出版社内部审稿制度，旨在保证每一份期刊的“台”既稳固又干净。所以，编辑要有好的眼力，善于挑选优秀作品。从这个角度来说，编辑干的活是“来料加工”，他要能基本做到由他编辑加工的论文能顺利地通过职称评审委员会的评议——他就是一位不在现场的“评委”。

如果你看到这里，“换位思考”应该就基本完成了，发表论文与职称评审遵循的是同一个原则——同行评议。专业职称认定，关键的是不能在学科小组评议时丢票，因为后面的大组评议一般是从更宏观的角度来考察每一个参评人。

在教师的专业发展上，跟对专业团队、跟对学科带头人是非常关键的。笔者在这里绝无倡导人身依附的意思，毕竟“师傅领进门，修行靠个人”，在专业发展的道路上自身努力才更加重要。世上绝无平坦的道路，唯有筚路蓝缕以启山林，才有可能攀登上高峰。在过去，在这个世界上总有一些人的“手”我们“握不上”。但如今，许多大学都开设了微信公众号，开通了直播课堂，可以说，你想听哪方面的课，就可以搜寻到哪方面的教师的课程。

“高人”更常用的方法是著书立说，董仲舒就著有《春秋繁露》。为了“把心交给读者”，“高人”毫无保留地把心扉打开，将知识分享，让读者直接触摸其心灵。然而，我们与“高人”之间往往缺了一副“学习支架”。“独学而无友，则孤陋而寡闻”①，这时同伴互助是一种不错的办法，二三好友，“疑义相与析”②，不亦乐哉；还有一种办法就是“存疑”，这时如果你停下来和疑难点纠缠，就很难脱困而出，徒然败坏阅读兴味，不如等到日后，读了别的书，相互印证，就恍然大悟了。而最佳的阅读状态，就是遇上一本“恰好”的书，“没有任何外力的帮助，你就是要读这本书。你什么都没有，只凭着内心的力量，玩味着眼前的字句，慢慢地提升自己，从只有模糊的概念到更清楚地理解为止。这样的一种提升，是在阅读时的一种脑力活动，也是更高的阅读技巧。这种阅读就是让一本书向你既有的理解力做挑战”③。更进一步，如果能够把他人的知识，融入自己的教育教学实践，欣喜地看着它开花结果，那是多么美好啊。

就当下而言，首要的工作是研读新的课程方案和学科课程标

---

① 高时良译注：《学记》，126 页，北京，人民教育出版社，2016。

② 熊治祁注译：《陶渊明集》，63 页，长沙，岳麓书社，2021。

③ [美]莫提默·J. 艾德勒、[美]查尔斯·范多伦：《如何阅读一本书》，郝明义、朱衣译，11 页，北京，商务印书馆，2004。

准。当然，就课程标准读课程标准，理解是不会深入的，因为课程标准汇集了古今中外的教育智慧。要比较透彻地理解它，就需要追根溯源，阅读古今中外的教育著作。根扎得有多深，叶就有多茂；向多少“高人”请教，你就能汇集多少能量。

有些时候我们必须敏感，要善于发现问题。然而，找到一个恰切的、可以着手的问题，不是一件容易的事。

发现问题—分析问题—解决问题，这是推进工作的思路，也是撰写论文的思路。

行文至此，笔者大致把题目“教科研写作：带着问题实践与读书”的意思表达清楚了：对于有的作者而言，写论文是为了评职称，但是，换位思考一下，写论文必须先确立教科研意识，从教育教学实践中发现问题，然后分析问题产生的根源，再着手探索问题解决的办法；而解决问题除了自身的摸索，还要善于向同伴求助，更要向“高人”请教，如外出参加各种培训，聆听专家的讲座，而更便捷的路径是读书。

在传统观念里，中小学教师的工作不如高校教师的工作“高大上”。这是认为知识生产比知识传授更重要的旧观念。其实，知识传授是一种实践智慧，一点儿也不比知识生产简单。不知道以后会不会发展为知识传授可以用 AI 技术解决，但即使到了那一天，机器还是无法向人体灌入情感等因素，进而生成一个德智体美劳全面发展的“人”。中小学教师作为为人的一生奠基的人类灵魂工程师，干的不是快速致富的“工业”或“信息产业”，而是“农业”。

况且也有很多中小学教师能将自己的知识转化为理论，惠及更多的人。到这一境界，知识传授与知识生产的鸿沟就被填平了。

然而，环顾四下，我们不得不承认，教育教学改革任重道远。作为办刊人，我们肩负着理论引领的重任。有些一线教师认为核心期刊高不可攀。为了破解这种“迷思”，近年来笔者带领青年编辑走入教学一线，听课、评课并与一线教师交朋友。

确实，面对中华民族伟大复兴的艰巨任务，我们的教育教学改革必须义无反顾地向前推进，我们必须阻断老旧的教育教学方式代际传递。

和每天奋战在教学一线的教师没什么两样，编辑每天坐在办公室里就像教师在课堂上课一样。其实，编辑与投稿者沟通的内容，大同小异，是可以被归纳总结的。笔者经常想，等到过几年退休了，就把这些整理出来出版。然而，笔者心里明白，等到退休，自身的职场感可能就会消退，手上也没有堆积如山的来稿，写出这本书就不是那么容易的事了。为此，笔者一面在工作中注重积累案例，一面利用业余时间把书写出来。

亲爱的读者，和笔者一样，不要等到退休后再行动，现在就提起笔来吧。

目 录

第一章 预 备

“凡事豫则立，不豫则废。”[①]不认真备课，很难上出一堂出彩的课；不打腹稿，便想写出一篇像样的文章，也是很难的。

本章列出的八个预备环节，可总结为一句话：要有专业发展的初心。如果没有想在专业发展道路上勇猛精进的决心，那你的教师生涯非但误己，也可能误人。就像所有的理论都有个假设前提一样[②]，要阅读本书，就必须先有专业发展的决心。此外，还要有一些方法、工具的准备——“工欲善其事，必先利其器”[③]。

本书把论文写作分为“预备—学术规范—学术前沿”三个环节，其实这三个环节不是一个闭环，而是一个无限循环。预备永无止境，观察、思考、阅读、实践都是预备。一篇文章写完了(或者尚未写完)，另一篇文章的灵感又冒出来了……

预备就是打腹稿，是一个“寝食难安”的过程。

---

① 樊东译注：《大学·中庸译注》，90页，上海，上海三联书店，2018。

② 例如，经济学有“理性人”的理论假设，又称最大化原则。

③ 张燕婴译注：《论语》，235页，北京，中华书局，2006。

第一节　发表论文：靠实力还是靠“关系”？

发表论文应靠实力，但也要处理好“关系”。

有人曾悄悄地问我：“贵刊有没有包写包发？”我相信所有的正规期刊都不会兜揽这样的业务，因为这是违法犯罪的事。2021年年初，时任清华大学校长的邱勇曾说：“大学不能把学术权力，交给期刊编辑和审稿人。”这其实仅仅是一个常识，它表达的是大学应有的担当。编辑是要受纪律约束的，其中有两条规则很重要。其一是“同行评议”，一篇文章好不好要经受同行的评价，一些编辑部自身难以把握的稿件，需要送外审。所谓同行一般是指学科小同行，比如物理教学的稿件一般由物理专业的人来评议。其二是“三审制”，一篇文章能否被录用，并不是一个人说了算，至少要过三个人的“眼”，层层把关，一关更比一关严。“同行评议”和“三审制”共同构成学术期刊的基本制度。

这么说来，一位作者和编辑的“关系”再好，倘若不能经受这两条规则的检验，“实力”不足，也是难以成事的。马克思说：“在科学上没有平坦的大道，只有不畏劳苦沿着陡峭山路攀登的人，才有希望达到光辉的顶点。”[①]教师在专业发展上，也必须有勇攀高峰的信心和勇气，并不断克服自身的缺点，完善自己，如此才能增强自己的实力。

创新是一种人格倾向，这种人格倾向天生具有勇于探究、敢于冒险的气质，紧盯着一个问题不放。然而，这种人格倾向也容易因为注意力太过专注而忽略其他因素。

---

① 马克思：《资本论》第1卷，24页，北京，人民出版社，2004。

对教师而言，首先要处理好与学生的关系，其次要处理好与领导的关系，再次要处理好与同事的关系，最后要处理好与家长的关系。要言之，要善于在层级化的管理体制中找准自己的位置，做到到位而不越位。点，从来没有单独存在的点，点都是在面上的。以中国古典四大名著为例，《西游记》是以唐僧为首的“四人小组”，《三国演义》是以“魏蜀吴”组成的关系结构，《水浒传》一百单八将围绕宋江组成一种关系结构，《红楼梦》则以贾母为“董事长”、以王熙凤为“CEO”组成一种关系结构。当前，中小学校是党组织领导的校长负责制下的新型关系结构。我们只有弄清楚关系结构，才能找到自己的立足点，明白现阶段自己的身份与角色。仔细研究职称评聘的政策，就会发现高级职称的评聘，除对论文、课题等专业水平有要求之外，还要求支教等，也就是要求发挥自身专业的引领、辐射作用。

对于校长而言，教育部出台的《义务教育学校校长专业标准》对专业的要求有六个方面：(1)规划学校发展；(2)营造育人文化；(3)领导课程教学；(4)引领教师成长；(5)优化内部管理；(6)调适外部环境。这些要求相当高，要求从点发展到面。美国哈佛大学教授麦克兰德(D. C. McClelland)列举了大量证据，论证了传统考试、学校成绩与资格证明并不能预测一个人的学科知识、职务业绩与人生成功，明确指出测评“素养”比“知识”更重要。什么才是预测一个人日后工作业绩的要素呢？根据他的研究：第一，应对不同文化的人际感受性——倾听不同文化的人们的话语及其蕴含的真意，预测他们会如何应对的能力；第二，拥有对他人的前倾期待——认识包括敌对的人在内的所有他人的基本尊严与价值的强烈信念；第三，敏锐地察觉社会背景的能力——在这种沟通中，能够迅捷地察知谁影响谁，每个人的立场、观点是怎样的。第一个要素是超越了语言运用能力的高度沟通能力，第二个要素是贯穿了伦理观、宽容心乃至信念的意愿与自我控制能力，第三个要素也是一种高度的社会技能。① 社会情感能力强的人，能清楚自己所处的“方位”，且善于处理错综复杂的关系。

当然，对于教师而言，还是要从“点”做起，先增强自己的专业实力。等到度过“生存期”，才可能扩大自己的视野，分散注意力去关注“面”上的东西。

回到专业发展的角度，注重“关系”也是这轮课程改革的重要议题。新课程标准提倡培养学生的大概念、大单元的意识，这就要求教师有大视角，善于从结构化的角度，看清各个知识点的“关系”，这样才能把知识点讲深讲透。

总之，没有“实力”是万万不行的。没有正心诚意，不能铸牢立德树人的教育思想，而是以精致利己主义去钻营，并非正道。但是，单有“实力”不注意理顺“关系”也是有碍长远发展的。比如，学界呼吁校长领导力转型升级，认为校长要“明确学校的办学理念和目标，对学校发展根本性和宏观性的问题进行系统性思考，减少‘迎合性’的‘跑关系’，是教学领导力转型的首要方向”②。2022 年年底，人力资源社会保障部办公厅下发了《关于进一步做好职称评审工作的通知》，文件强调“严肃处理职称评审中‘说情打招呼’‘圈子评审’等现象，营造风清气正的职称评审环境”。

要处理好与编辑的关系，首先，要拿出质量过硬的稿件。要对

① 参见钟启泉：《为什么要从知识评价转向素养评价》，载《中国教育报》，2021-02-10。

② 焦欣然、赵茜：《校长教学领导力的转型升级——基于学生培养质量升级的实证分析》，载《中小学校长》，2022(5)。

自己的稿件进行打磨，再打磨，直到自己觉得无可挑剔再送到编辑手上。要把每一次投稿当作一次盛装出行，精心打扮，绝不能蓬头垢面。要对编辑进行“懒汉”假设，因为编辑的工作很忙，每天要处理的稿件很多，如果碰上一篇质量过硬的稿件，一定会感到一股清新的风迎面扑来，喜悦之情油然而生。其次，如果能适当地引用该刊的文献，编辑便会有自己的劳动成果得到尊重、得到传播的幸福感，这样，稿件被采用的概率也可能得到提升。最后，要向某一期刊投稿，就要熟悉该期刊，因为不同期刊有不同的办刊定位、风格和偏好。

事实上，“发表论文：靠实力还是靠‘关系’?”这个问题可以转换为点与面的关系。专业发展的起始阶段应在点上纵深推进，而专业发展的后期，则应当把一个个的点连接起来，在面上横向铺开。在得心应手地授人以知识之后，应注重情感、意志等综合素养的培养。诚如华东师范大学袁振国教授所说，一个人的发展、成功和幸福，是认知能力和社会与情感能力共同作用的结果。① 教师专业发展是教师个人在知行意上不断自我磨砺、实力不断发展的过程。

第二节 “我是谁?”

休伯曼等人通过对瑞士教师的调查研究，依据教师教职生涯不同阶段的发展主题，按照教龄把教师职业整个经历分成了七个阶段。②

---

① 参见罗阳佳、沈天音：《专访华东师范大学教育学部主任、终身教授袁振国：SSES为社会与情感能力培养提供科学依据》，载《上海教育》，2021(26)。

② 参见柳海民主编：《现代教育原理》，352页，北京，中央广播电视大学出版社，2002。

第一个阶段，入职期(第1～3年)。这是求生和发现阶段。由于课堂环境的复杂性和不稳定性、连续的失误等，新手教师对自我能否胜任教学工作感到怀疑，于是奋力挣扎，以求生存；后来，他们有了自己的班级、学生和教学方案，成为专业团体的一员，表现出积极、热情的一面，逐渐有了新的发现。

第二个阶段，稳定期(第4～6年)。教师决定投身于教学工作，初步掌握了教学方法，由关注自己转向关注教学活动，不断改进教学技能，形成自己的教学风格。

第三个阶段，实验和歧变期(第7～25年)。此阶段，教师发展路线表现出差异。随着教育知识的积累、巩固，教师试图扩大对课堂的影响力，在教学材料、评价方法等方面进行个性化实验；改革的愿望强化了对阻碍改革因素的认识，激发了进一步改革的尝试，教师的职业动机强烈，职业志向水平高；对课堂职责有了初步了解，开始寻求新的思想和挑战。

第四个阶段，重新估价期(第7～25年)。在许多情况下，教师不经过实验和歧变期，而是代之以自我怀疑和重新估价，严重者可遇到职业生涯道路中的一场“危机”。

第五个阶段，平静和关系疏远期(第26～33年)。

第六个阶段，保守和抱怨期(第26～33年)。

第七个阶段，退休期(第34～40年)。此阶段，教师的专业行为没有太大改变，只是更加关注自己喜欢的班级、喜欢做的工作。

那么，请对号入座，您当前处于哪一个阶段？

如果没有认清自己目前所处的专业发展阶段，没有明确的身份感，写出的文章可能就不够专业。

例如，《融传统文化于幼儿园课程　促大班幼儿美育发展》一文提出在笔墨描摹中欣赏国画的写意之美，在古诗新唱中感受四时的更迭之美，在药茶养生中体味先人的智慧之美，在戏曲表演中品味中华民族的人文之美，在拼搭构建中领略园林建筑的移步换景之美五个分论点。这是一位幼儿园园长的来稿，这位园长头脑灵活，善于发掘各种资源，为幼儿园课程建设做了很多工作。可是，在写论文时，这位园长没有进行角色转换，没有区分行政事务与专业事务，依然把自己当作园长，导致写出来的文章虽然很全面，指挥全局，但实际上内容很散乱。因此，在撰写论文时，这位园长需要把自己转换为教师，以谦逊的态度和同行讨论专业的事情，这样写出的论文才会打动人心。

中小学教师应当研读文件，比如，《福建省中小学教师水平评价标准条件》第三章“正高级教师条件”第十二条“教学工作要求”第一款是：“熟练掌握本学科各年段教学规律，出色完成规定的教学任务，每学年学生对其课堂满意率达到85%以上。中学教师进行过高中或初中循环教学1次以上或承担过毕业班教学3年以上，小学教师进行过循环教学，教学质量高。”这种政策导向是激励教师专业成长的好办法。可是，有些学校在安排课程时却忽略了这一点，非但没有大循环教学的安排，连小循环教学的安排也没有。有的学校安排某些教师长期教一年级，教师也认为自己对教材、学情比较有把握，很乐意接受这种安排。这其实是作茧自缚，长年就“摸”那一本书，不知学生从哪里来要到哪里去，只管自己的“这一段”，这是害己害人的。我们要体谅学校的难处，服从安排，但是不能委曲求全，必须有自己专业发展的考虑。这不是什么见不得人的私心，唯有每一个教师的专业成长了，教育事业才可能发展。

认清自己，是一件重要的事，也是一件不容易的事。有些教师在这个问题上容易犯迷糊，思考的问题不切合实际，写出来的文章也就大而空。很多人都想要一下子解决所有问题，其实这是不可能的。学校教育是一个系统工程，是千军万马的事业，有的问题，看在眼里急在心上，但是任何个体都无法独立解决这些问题。因此，要有耐心，从小事做起。华东师范大学的钟启泉教授身兼多项要职，可是他写的一些文章，并不宏大，而是具体而微。例如，他在《中国教育学刊》2021 年第 8 期上发表的文章《发挥“档案袋评价”的价值与能量》，谈得就很实在，操作性很强。文章先指出“评分制”的危害，再论述“真实性评价”的必要性；为获得真实性评价，所以引入“档案袋评价”；而档案袋里装的内容，首先是儿童的作品，其次是儿童自我评价记录，最后才是教师的指导与评价的记录。也就是说，要充分发挥儿童作为评价主体的作用，以激发儿童自主发展的热情。钟教授写的问题并不大，可是给人的启发却很大。

一般来说，大家都是普通教师，而普通教师的主战场就是课堂。尤其是年轻教师，更需要在课堂上立住脚。因此，教师一面要不断地摸索，逐渐形成自己的课堂教学风格；一面要不断地自我革新，去弊，求实，老老实实地把每一堂课教好，琢磨透。只有奠定好基础，才能跟上课程改革的新形势，才能写出好文章。

现在网络教学资源十分丰富，有些教师从网上下载一份课件就直接上课。这种不过脑的讲课方式，对自己的专业成长是有害的。讲课时被课件拖着走，不去注意学生的反应，怎么可能教好学生呢？教学就是对话，就是互动，就是课堂生成。课堂应该是灵动的，绝不是刻板的。我不是反对观摩、下载优质教学资源，而是倡导结合自身实际和学情，对现成的课件进行改造。毕竟，就像学书法一样，总是先临帖，再背帖，最后才能达到自由挥洒的境界。

“我是谁?”虽然离不开自己的认同与坚守，然而，很多时候并不是由自己决定的，而是由时代决定的。有作家说：“我的书二三十年后才有人会看懂。”那是一种怎样的孤寂感啊！其实，大多数人对自己所处的时代的了解是片面的，每一位个体要认真观察，尽可能掌握真实信息。

我们现在所处的时代，是中华民族伟大复兴的关键时刻，是爬坡过坎的阶段。我们还有很多技术难关亟待攻克，而攻克这些难关，关键在于基础研究、基础教育。我们要培养的下一代，应该是能够自主探索、自主创新的下一代。而要培养出这样的下一代，最大的希望就在我们的课堂里。

创新的薪火，必须从我们的课堂燃起！

这一轮的课程改革，不是课堂教学改革。所以，我们要有新的课程观；要有大概念、大单元的意识，对知识进行系统化重组，不能教给学生一些零零碎碎的知识，而是要培养学生的核心素养；要精选授课知识点，贯彻“少即多”的教学理念。

我们的课堂，应该是师生与文本、师与生、生与生多重对话的课堂，而不是教师单向灌输的课堂。

此外，单单立足课堂是不够的，在课堂站稳脚跟之后，应该关注校园文化建设，关注校本课程开发，关注家庭教育。厦门五中自詹功祚校长到林雄伟校长再到蒋君芳校长，一直致力于“部落共同体”建设，把教育教学从学校延伸至家庭，从课内延伸至课外，从学期延伸至寒暑假，把学校教育与家庭教育较好地结合起来，取得了很好的效果。这很值得学习。

这些都是说起来容易做起来难的事。唯其艰难困苦，才能玉汝于成。

总之，我们要有鲜明的身份意识，知道自己处于职业生涯的哪个阶段，明白“我是谁”，并且盯住能力级差，尽可能往上一级跳一跳，如此才能使自己的专业发展顺畅。专家级教师能够在貌似无关的信息中识别规律，而不是像新手教师那样只看到事实的片段；能够在真实情景中灵活地调整认知框架及应用策略，而不是像新手教师那样虽然掌握了很多知识但不知道何时用、怎么用；能够运用概念思维，即善于用学科大概念对内容进行结构化处理，而不是像新手教师那样只是机械地识记散点状的事实性知识；能够顺畅地提取与真实任务相关的知识子集，而不是像新手教师那样哪怕已具有相关知识储备，在真实问题情境下却不能将任务和认知资源精准匹配；能够进行意义挖掘的深度学习，而不是像新手教师那样倾向于字面意义的浅表学习；等等。①

在审稿过程中，笔者“看人下菜碟”，遇弱则弱，遇强则强。比如，来稿《优化任务设计　驱动深度对话》，请看其开头、框架与参考文献：

开头：

教育的本质是对话与交往。课堂对话，是师生之间、生生之间积极交往互动、共同沟通分享、实现发展的过程；课堂对话能否深度展开，与课堂学习任务设计息息相关。好的学习任务一定能有效地激发学生的学习动力，引领学生主动探究、主动交流，促进课堂深度对话。

纵观当下课堂教学中，任务设计存在不少问题。主要表现

① 参见邢至晖：《跨场景学习活动系统：从新手思维到专家思维的培养》，载《上海教育》，2022(6)。

在：(1)任务的量过多。有的一节课设计的任务过多，40 分钟的课堂时间里任务一个接一个，学生疲于应付，对话只能浅尝辄止，停留在表面。(2)任务的难度区间不适切。有的任务过于简单，没有挑战性，学生兴趣不高，不想对话。有的任务难度过大，学生无处入手，望而却步，无法对话。(3)任务之间联结过“散”，任务与任务之间只是简单排列，没有逻辑关系，无法推动对话深度展开。

如何优化任务设计，驱动深度对话？下面笔者结合教学实践，探讨优化任务设计，驱动深度对话的对策。

框架：

一、基于知识核心设计任务，聚焦对话关键内容

(一)在知识本质处设计任务

(二)在知识关联处设计任务

二、基于学情分析设计任务，搭建对话支持系统

(一)设计情境性任务，让对话更真实

(二)设计挑战性任务，让对话燃热情

(三)设计活动性任务，让对话有体验

(四)设计开放性任务，让对话多元化

三、基于关键性问题设计任务，引领对话逻辑展开

(一)并列关系的关键性问题

(二)递进关系的关键性问题

参考文献：

[1]黄毕年．课堂对话的困惑探析与突破路径——以《两位数减一位数例 2：36-8》教学为例[J]．小学教学设计，2022，(14)：4-7.

[2]李淑静，聂艳军．指向核心任务的关键性问题设计[J]．小学数学教师，2021，(12)：83-87.

[3]顾晓东．高阶思维导向的图形认识深度教学策略——以《认识平行四边形》教学为例[J]．小学教学设计，2021，(29)：16-19.

[4]钟燕．将数学思想与方法渗透于教学活动中——《长方形与正方形》任务设计与教学[J]．小学教学设计，2018，(14)：22-23.

[5]李柱俊．核心问题驱动下的学习任务设计[J]．小学数学教育，2022，(12)：34+36.

从文章中可以感受到，这位作者的教学水平较高。笔者是一个文科生，对数学所知甚少，作为审稿人，初步的感觉是：第一，文章题目的关键词“对话”是个学术热点；第二，文章开头有鲜明的问题意识；第三，正文所举的例子涉及三年级、五年级、六年级，年段较多；第四，参考文献缺少权威性，尤其是没有涉及提出三种对话理论的佐藤学。于是，我就问作者：“佐藤学认为对话的基础是倾听。不知道你如何看待?”作者回答：“对话的基础是倾听没错。但是听了很多教师的课，课堂常规很好，教师认真倾听学生的话，学生之间也相互倾听，但是对话是无效的，问题不在倾听。因为教师不懂得抓住核心设计对话点。问题是细碎的，是一问一答式的，所以大问题和任务的设计很重要。”作者对我的问题没有正面回答，我继续追问：“看过佐藤学的书吗？哪几本?”这一回作者正面回答了：“原来有参加区‘共同体’课题，但只略略看过”“没有深入”“倾听，串联，反刍”。我为作者最后的三个关键词“倾听，串联，反当”点赞，并推荐作者购买佐藤学《静悄悄的革命》一书来阅读，作者立即答应，并发来这本书的截图同我确认。事实上，我尚未同作者聊起引导对话从哲学理论向教育观转变的巴西当代教育家保罗·弗莱雷呢。

再看这篇来稿《“一跨三段四动”的教学模式——以“对数的概念”教学为例》的开头和框架：

开头：

随着高中数学课堂教改的逐步深入，数学核心素养的养成日益被重视，而数学核心素养的养成要抓住两个关键：设计合适情境，在真实情境、科学情境、文化情境、数学情境中学习数学；通过问题引领，学会发现问题、提出问题、分析问题、解决问题。在问题情境中提升数学学科核心素养，发展创新意识和实践能力。结合高中数学教学的实际，文章总结出了“一跨三段四动”的概念教学法。

框架：

一、“一跨三段四动”的阐释

二、“一跨三段四动”的运用

三、“一跨三段四动”的反思

1. 要处理好“预设”与“生成”之间的关系。

2. 要处理好“博”与“约”的关系。

3. 要处理好“对”与“错”的关系。

4. 要处理好“道”与“器”的关系。

该篇文章的作者是一位一级教师。他这个“段位”，要来总结所谓“教学模式”，笔者认为火候未到。作者提出“跨学科教学”，这是符合课程改革方向的，随后所举的例子也很恰当。

所以，笔者建议他不要从教学模式的大角度切入，而应从学生的“对数的概念”学习困难这一问题出发，沿着跨学科的思路，寻找问题解决的良方。

作为办刊人，我们的宗旨之一是助力教师成长。所以，笔者对处于专业发展高原区的教师也没有轻易放过，而是“刁难”一下，助推一把，让其向高峰发展；而对于青年教师，笔者的指导策略则不一样，笔者会让作者聚焦某一学段、某一单元进行研究。

作为一个老办刊人，笔者还有一个梦想，那就是催生教育家。现在，各地都在遴选、培养名师、名校长。而要成为名师、名校长，就必须有明确的教学主张和教育思想，而这需要有坚定的教育理想信念、过硬的办学业绩和深厚的教育理论。①

第三节　难度系数

一篇文章的好坏主要取决于其创新度的高低。然而，创新是十分困难的。教师主要从事实践性的工作，能够把一个理论恰如其分地运用，就已经不错了。

那么，一篇优秀的论文除了创新度之外，还有什么衡量指标

① 当下，学界创新性地提出“学科区域教学主张”的新理念：“学科区域教学主张是区域的学科力量对长年累月丰富的教学实践进行系统、深入、清晰思考的结晶；是在学科教师共同体中生发的个性化、学科化、区域化、统领性的观念。学科区域教学主张，相较于教师个体的教学主张，辐射范围更大、普适性更强，提炼难度也更高。……通过整合不同层次、不同水平教师的经验和智慧，提炼并实践学科区域教学主张，能让区域内教师发挥1+1＞2的作用。”冯凌：《小学科学区域教学主张的生成与落地》，载《江苏教育》，2022(1)。

呢？难度系数。

论文创作和诗歌、散文创作的原理不太一样。诗歌、散文创作更多的是靠灵感，而论文创作需要大量的积累。平时要善于把教学过程中生成的灵感记录下来，再找到一条主线，把这一颗颗“珍珠”串起来，变成一条精美的项链。

一般说来，论文是厚重的。论文有没有厚重感主要表现为是不是经过艰辛的研究，是不是经历时间的沉淀。而这些，有一个重要指标，那就是“样本量”。论文的样本量小，读来便会寡淡。例如，《立足单元统整　探寻识字策略——以统编版一年级下册第一单元为例》，这篇文章的主标题不错，可是副标题却让人哑然失笑，一年级下册第一单元的生字能有几个？还需要统整吗？能探寻出什么识字策略？尽管文章罗列了“分析教材特点，把握学习脉络”“基于多元智能，培植学习能力”“关注部首本源，探究积木结构”三个分论点，似乎头头是道，然而，样本量太小，终究没有说服力。又如，《聚焦核心素养，提高初中语文古诗词教学质量——以〈《诗经》二首〉课堂教学为例》，从副标题看，样本量仅《〈诗经〉两首》，是撑不起“聚焦核心素养，提高初中语文古诗词教学质量”这么大的议题的。这就像一个瘦骨嶙峋的小孩穿了件宽大的袍子，很不相称。

再看这篇来稿《春风化雨乐未央》：

> 十几年前，我还在县里一所有名的民办学校担任毕业班班主任。一天，教导主任带来一位转学生。正犹豫间……看到孩子眼中的祈盼，我突然豪气冲天，跟教导主任说：“我接受学校的工作安排。”然后转向孩子说：“欢迎你，新同学。”
>
> 事后了解到，这位学生……违纪的事情一件没有落下，被

原先的学校处分了好几次……我抱着不放弃每一个学生的思想，决定找他进行一次开诚布公的谈话，争取有个良好的开端。

在印证了事实之后，我认为他至少是诚实的，便对他说："你留给原来的同学的印象就是这样的，如果不努力改变自己，将来也只能是这种印象留给同学和老师了，你想不想改变自己，让老师和同学对你刮目相看？"他说："想。"我刺激他说："进步的过程会很艰难，你怕不怕？"他满脸硬气地说："不怕！"看到了他的决心，我便转换话题，询问道："你的特长是什么？"他谦虚地说："我体育好点。"我不假思索地说："好！从今天起，你就是咱们班上的体育委员之一了。"他诧异地看着我，眼里满是惊喜和感激："谢谢老师，我一定努力学好做好。"

我笑着对他说："我静待花开……"

任体育委员后，他表现极好，课间、体育课都积极努力，同学们和他渐渐熟络起来。可是文化课就麻烦了，除了语文和化学，其他学科他都学得非常辛苦，因为前两年他根本没认真学。我怕他灰心，经常私下找他，给他鼓劲儿；注意发现他的优点并及时表扬：字写得越来越工整，课文背得越来越快，化学已名列前茅，班级跑操队伍越来越整齐……在我的持续鼓励下，他渐渐摆脱了恶习，全身心地学习，周末拼命补课，成绩也在艰难中慢慢进步……

有一天，他突然跑进我的办公室，这个男孩竟然在我面前号啕大哭。我问他原因，他抽噎着说，班上学生知道了他以前受处分的事情，有人开始嘲笑他，他很受伤，他不想同学们就这样看他，问我该怎么办。我沉默片刻，问他："你喜欢以前的你吗?”他愣了一下，说：“不喜欢。”

于是，我开导他……

这个孩子在我的引导和鼓励下坚持努力，一步步地前进。运动会，他大显身手，不但在跳高、跳远的项目上破了学校纪录，还带领全班同学赢得九年级团体总分第一名的好成绩和全年段唯一的精神文明奖。这是极其难得的荣誉。我借此特别表扬他，还特意写了一封信给他的家长，赞扬他的勤奋努力和进步。他更自信了，同学们也对他刮目相看。

就这样，这位同学在一次次的鼓励和帮助下，努力进步，最后考上了县重点高中。

高中三年很快过去了，他考上了体育本科院校，给我报喜时，我听得出他的兴奋、感激和自豪。

升学宴上，他请了两位老师，一个是我，另一个是他高三的班主任。他的家长频频向我敬酒，感激之情溢于言表。退席时，他送我下电梯，临走时，他对我说：“老班，谢谢您，我永远记得您送给我的那句话——改变别人不如改变自己。我会带上这句话继续让自己更优秀的。”

如今的他，践行了当初更优秀的承诺，已是珠海某名校一位深得学生喜爱的体育名师。

…………

这篇文章事例真实、感人，但是样本量不够，没有足够的说服力，而且这个案例的成功，离不开家庭教育的密切配合。但在现实中，教师在面对问题学生时，有时无法得到家庭的合作，因而常常有无力感。总之，这篇文章没有把当教师的辛苦及其应对的智慧写出来，深度、厚度不够。

因为样本量太小，文章的字数往往也较少，这种文章看起来就没有厚重感。以前，经常可以看到仅有1页的中小学教师论文，2页的也经常看到，现在，大部分学术期刊要求3页起发，折算为字数一般为5000字左右。这样的硬性规定，是有其合理性的。既然被称为论文，就不是一般的工作总结，没有充分展开，是无法把问题说清楚的。《福建基础教育研究》2022年第4期发表了江苏省木渎高级中学张飞老师的文章《批判性思维：通向物理科学思维的必然路径》，长达8页，这就是一篇很有分量的文章。

笔者并不是一味地倡导大家写难度系数高的文章。比如，来稿《从“想开去”到“写具体”——以想象习作〈变形记〉为例》的开头写道：“小学语文统编教材的想象类习作共有14次，从低段的看图写话、编写童话到中高段的历险、科幻故事的创编，一路有序编排，螺旋上升。此类习作因新奇有趣而深受学生喜欢，但信马由缰、胡编乱造，记流水账，也成为想象作文的常态。新奇有趣的想象作文，是潜藏于文字背后的想象性思维使然，只有借助丰富的想象性思维方式，才能推动想象思维的发展；而有了言语思维的助推，才能将丰富的想象转换为鲜活灵动的文字，想象习作才能生动具体。要走出想象类作文的困境，教师的教学应从发展学生的想象思维与言语思维方面寻求习作之道。下面以六年级上册第一单元的习作《变形记》为例，谈关注想象思维发展，助推言语建构，指导学生写好想象作文。”这其实是文不对题的。这篇文章研究的是想象习作《变形记》，可是却从“小学语文统编教材的想象类习作共14次说起”，扯得太远了。不过，扯得远也没事，关键是要扎扎实实进行研究，把这14次想象类习作摆出来，认认真真探究教材的编写意图，厘清此类习作教学应该如何逐步进阶，引导学生发展想象思维，助推言语建构。这位作者应该有一二十年的教龄，有较为开阔的文本视野。但遗憾的是，作者的思维意识还处于朦朦胧胧的状态，对于“样本量”的认识还不到位，也没有下苦功夫研究的决心，所以起了这么一个开头，提出了要发展学生“想象思维”的大问题，而这个大问题并不是一篇小论文所能解决的。所以，笔者建议她就“高年级学生想象作文”这个较为适中的问题来写。

教育实践探索，必然会碰到很多困难，唯有甘于寂寞、锲而不舍，才有可能获得真知灼见，也才有可能收获理智的欢乐。

要言之，文章选题的难度系数不能太小，也不能太大，要适度，适合自己当前的研究能力。

第四节 研究对象

教师要不要写论文，世界各国对此的规定并不一样。有些国家和地区是不要求教师写论文的，原因之一是其基础教育采用包班制，而不是分科制，由此较难形成校本研究制度，教师的专业发展也受限。我国也没有要求全体教师写论文。的确，教师与专门的科研、教研人员的工作环境、工作对象、绩效考核方式等都不一样，写论文绝不是教师的主要工作。教师的主要工作是教书育人，是引领学生成长。而教师的专业成长，主要依靠的是日积月累的缄默经验。但是，仅仅依靠缄默经验，成长是较慢的、有限的。所以，人们总结出一个公式：教师专业成长＝自我反思＋同伴互助＋专家引领。在这个公式里，论文写作并没有被列为成长的主渠道之一。当然，也有不少专家强调论文写作是一种促进教师专业成长的有效手段。例如，苏霍姆林斯基就既是中学的校长，又是杰出的教育教学写作者，著作等身。又如，国内一线教师写作能手有管建刚、任勇、魏书生、钱梦龙、王云生、王栋生(吴非)等。潘新和教授甚至说出“不写作，枉为人”这样的话。

然而，我们必须承认，教育教学与教科研是两回事。没有接受研究与写作训练，很难做到“我手写我口”，一提起笔就会掉到套话的坑里。没有接受研究与写作训练的一个重要表现就是没有“研究对象”意识，因此下笔就会信马由缰，写出来的文章像散文，而不是严谨的论文。

我国传统观察事物的方式偏好“游目骋怀”，即注重整体思维、整体观照，擅长采用散点透视法，而不是焦点透视法，即没有把一个小东西拿到显微镜底下放大观察的习惯。为此，必须树立“对象意识”，这是写论文的重要前提。

教师的研究对象之一是课程标准。课程标准是教师教学的主要依据，是每一个教师案头必备之书。课程标准是随着时代变化而变化的，大概每十年就要更新一次。一个“法律文本”，既要统管全中国的教师教学内容，又要管上十年，必然比较权威，不可能太具体。在课堂教学中落实课程标准，应该结合当地的文化，灵活地把抽象的要求情境化，使知识变得可亲可爱可用。课程标准对各学段做了能力等级的划分，然而，总体上的要求还是整齐划一的，而现实中的学生是多样的，学习的方式与步调也不可能一致，因此进行差异化教学是非常必要的。可是，当前中国处于城镇化的转折点上，要进行差异化教学是很困难的。该怎么办？这就需要“八仙过海，各显神通”，即需要教师发挥自己的智慧了。

把握道德与法治第一学段教学拓展设置的“度”

一、关注真实学情，设计适度拓展

《义务教育道德与法治课程标准（2022 年版）》在课程内容第一学段内容要求中指出：“亲近自然，感受自然的美”，“学会发现和识别身边的安全隐患，保护自己”……

二、关注问题解决，引导坡度拓展

《义务教育道德与法治课程标准（2022 年版）》在课程内容第一学段内容要求中指出：“乐于探究，在学习与生活中遇到问题时能够想办法解决，提高动脑动手能力。”……

三、关注生活践履，引发深度拓展

《义务教育道德与法治课程标准（2022 年版）》指出：“教学要与社会实践活动相结合，加强课内课外联结，实现隐性课程与显性课程相配合。”……

这篇文章以《义务教育道德与法治课程标准（2022 年版）》为研究依据，这是对的。但是，文章的三个分论点研究三个方面，而且第三点还不是以第一学段为研究对象，整个研究对象泛化，或者说发生了游移。

教师的研究对象之二是教材。教材是教学的“拐杖”。教材之上还有“课程”。很多教师教了一辈子的书，还是没有形成课程意识。丰富多彩的世界都应该是教学的内容，教学就是要带领学生去认识世界。但是，随着人类知识的积累，要教给学生的东西越来越多，所以需要对知识进行提炼，提炼出各个学科的核心素养，再据此编写教材，方便使用。而教师在使用的过程中，要善于还原，把精练的教材还原。当然，教材还承担着宣传意识形态的重要责任，所以国家把语文、道德与法治、历史课程教材的编写权收回去，统一编写。而这三科的内容也不是一成不变的，随着国际形势的风云变幻，常常要微调，不可能十年才改一次。三科之外的教材有多个版本，所以有的教师就把各版本拿来比较、整合，这样对课程标准的认识就更深刻。新教材是在新的教育教学理念下编写的，我听到一些老教师抱怨新教材不如老教材好用。这是抱残守缺了，是自己的教育教学理念跟不上形势发展的表现。比如，有人说，老教材有概念的定义，学生背一背，琢磨琢磨，便加深了对概念的认识，而新教材一般没有对概念下定义。其实，概念是用来使用的，要在实践中理解概念，而不是反过来。有些教师对某些概念理解不透，当然就无法体会新教材的优点。

教师的研究对象之三是考试。考试研究是我刊必备的内容，但是我们反对应试教育，倡导从信度、效度上研究考试，呼应素质教育，呼应学科核心素养。

教师的研究对象之四是学生。学生是教育教学的落脚点，一切教育教学行为都是为了学生的发展。而“学生”是个大概念，应该把它细化，分为各个学段。新课程标准对各学段是做了能力等级划分的。有些教师的来稿没有提及具体的学生，只有抽象的学生，一篇小论文讨论的是整个小学阶段，太过于宽泛。

例如，来稿《迁移性学习：深度阅读的有效教学策略》。文中列举的文本《带刺的朋友》是三年级的，《月是故乡明》是五年级的，《夸父追日》是三年级的，《肥皂泡》是三年级的，《“精彩极了”和“糟糕透了”》是五年级的，《青山处处埋忠骨》是五年级的，《小壁虎借尾巴》是一年级的，年级的跨度很大，几乎涵盖所有的学段；又缺少内在逻辑。所以给审稿人的感觉是“研究对象不明确”。再看如下案例：

> 跳绳运动要求幼儿手脚协调配合，身体轻盈起跳，脚尖轻盈落地，是对幼儿身体素质要求较高的一项技能运动。以大一班为例，跳绳初期只有3名幼儿会跳绳，占比7.8%；3个月后，有21名幼儿学会连续跳绳，占比55%；一个学期后，有35名幼儿学会连续跳绳，占比92%。

文中的“大一班”是哪一个学年的？“一学期”是指上学期还是下学期？而依文中推算，全班人数究竟是多少，结果有3种答案，而且不是整数，令人讶异。这是研究对象不明的典型。

一般来讲，我们可以给出这个公式：教学论文＝课程标准＋教材(试卷)＋学生。其中，学生要细化，教材也要细化，当前的研究热点是以大单元教学为主。一个主标题，外加一个副标题。副标题用来划定文章的研究范围。有些期刊强调文章不加副标题，我刊则不做这样的硬性要求(当然，能不加副标题的文章一语中的，更大气)。

教学论文往上走是教育论文。教师不应该一辈子只盯着课堂，而应该放宽视野，关注其他学科的教学。能做到学科融合，是比较好的，应该也是比较受学生欢迎的。有些地区、教师尝试进行“五育融合”课堂教学，笔者也很关注这个问题，上网检索到为数不多的相关论文，经过阅读和一定的思考，认为这是一种教育假设，是整个学校课程理念、整个教师教育理念的需要，在单个课堂教学中几乎不可能做到这一点。然而，“虽不能至，然心向往之”也是一种美好的教育境界。此外，要关注校园文化、家庭教育和社会教育等；学科教学要和思想品德教育融合，这是课程思政的任务；要注重发掘学科的美育因子；要养成劳动习惯，培养尊重劳动的意识，培养劳动智慧，善于将劳动成果物化；等等。

研究对象的稀缺性也是出成果的秘诀之一。笔者所在的单位曾经设立台湾基础教育研究所，所里有一批台湾地区的中小学教材，笔者赶紧借来研究，终于写出论文《台湾地区国文教材：儒学与乡土混搭》，在核心期刊《当代教育科学》2011 年第 20 期发表。[①]

总之，研究要先确定对象，这样才能聚焦。

第五节　研究方法

研究要有方法，还要有工具。

教师常用的研究方法首先是观察法，利用自己的眼睛去看、耳朵去听。这是一种最为原始、朴素的研究方法，是缄默经验累积的有效方法。

其次是教育叙述法。这是从原始状态中跳脱出来，从无意识状态进入有意识的研究状态。每一日都进行教学反思，从反思中进行自我雕琢，努力克服自身的缺点，求得苟日新，又日新，日日新。

再次是问卷调查法。这又进入更高一层的研究境界了，与前两种方法相比较，它脱离了自身，不再依托于经验，而是尝试进入研究对象的世界。这是个技术活，要有缜密的设计。问卷设计得不好，不可能问出真正的问题，所有答案都在自己的预料之中，问了等于没问。问的时间点也要注意，时机不对，被问者可能会敷衍了

① 不过，这样的研究终究是文献研究，属于唐代诗人李贺所讥讽的“寻章摘句老雕虫”，走的是“捷径”，而不是直面实践、正面攻取华山的方法。

事。被问者的性别、区域分布等，都要考虑。

最后是大数据分析法。现如今，大数据的获取越来越容易，也越来越多。而对这些数据的分析、发掘、运用越来越重要。我们要用新的方法、新的工具去观察世界，观察教育。如同治病，我们不能只有常用药，这是农业时代的小农经济思想；进入工业化时代，要有系统思维，要有大机器的观念，要像大医院一样，拥有大型仪器，能对病人进行全方位、多维度的细致入微的观察。从国家的层面来说，要进行教育监测，从学生的肥胖率、近视率、书包重量、运动量、各学科是否开齐开足等方面进行调查，检查各学校、各区域落实素质教育、落实教育均衡等方面的情况。这就从方法的层面进入工具的层面了。据说，有人已经开发出一种测评系统，只要把一堂课堂实录输入这个系统，就可以对该课做出较为客观的评价。[①]

对大数据的分析，涉及统计学。统计学是19世纪才兴起的一门学科，20世纪迅速发展，21世纪更是无远弗届，进入了社会学、经济学、政治学、医学、教育学等诸多领域。

现在，概率与统计成为基础教育数学学科的四大课程内容之一（其他课程内容为数与代数、图形与几何、综合与实践）。要成为一名真正的教育研究者，不能不关注统计学，不能不具备一点统计学的常识。而对统计数据的分析，又不能不关涉计算机技术。大数据人工智能时代，不会使用计算机统计软件，做研究的时候有可能寸步难行。关于这一点，可以参看福建省平潭综合实验区教师进修学校张文彬老师发表在《语文建设》2021年第12期上的《阅读课中集中识字和分散识字效果的比较研究》。

---

① 参见蒋建民：《美国"课堂评估评分系统"(CLASS)研究》，硕士学位论文，河南大学，2018。

在大数据和计算机数据处理技术的背景下，一些软件开发商相继开发出一系列教育量表。学会选择和使用量表显得越来越重要。

教科研方法，当下已成为高等师范院校的一门课程，需要专门学习。这并非笔者所长，笔者仅能指示一种方向。

第六节　网络重复率

有些教师写作时非常害怕网络重复率超标，写一段就上网检索一下，弄得神经兮兮的。

心态不稳，做什么事都难以舒畅，难以成功。

这是一种心病，病因之一是对自己的工作没有信心。如果工作做得好，就放胆来写，怎么想就怎么写，怎么做就怎么写。在编辑生涯中，每个工作日我都会在电话里同作者沟通文章修改事宜，几乎所有的作者对我的话“言听计从”，这使得我自己生疑：面对基础教育那么多的学科、课程标准、教材和学生，我深知自己学识浅陋、所知有限；而且我已长期离开教学一线，多年来又因为工作繁忙，较少深入课堂，怎么可能说的都是对的呢？然而，不能不承认，因为手握文章的“生杀大权”，编辑似乎也就掌握了话语权，一般的作者唯恐“得罪”编辑，不得不唯唯诺诺。我经常告诫青年编辑要多与一线教师交心、交朋友，了解一线教师的境况、甘苦与需求，这样和他们探讨文章修改时才能切中肯綮。一线教师也要敢于“反驳”，才能让编辑知道教学一线的实情；要大胆“亮剑”，阐明自己的教学策略和成效。

病因之二是读书不多。《中庸》曰：“博学之，审问之，慎思之，明辨之，笃行之。”[①]其中，第一条是“博学”，没有第一条作为基础，其余的就如同空中楼阁。鲁迅曾经谆谆教诲青年学生：读书“必须如蜜蜂一样，采过许多花，这才能酿出蜜来，倘若叮在一处，所得就非常有限，枯燥了”[②]。没有读过几十上百本教育经典名著，怎么能写出像样的论文?

病因之三是没有区分事实与观点。事实是可以反复证明的东西，是客观的；而观点，是一个人的感受或者想法，是主观的。如果是事实，一般是不必照抄并标明出处的，即可以用自己的语言来表述。大家同处一个世界，看到的东西差不多，除非人家有独特的发现。这一独特的发现就变成观点了。对于观点要有充分的尊重，不能拿来就用，否则会被认为是剽窃。

病因之四是读书消化不良。如上引《中庸》句，除博学之外，还要“审问”“慎思”“明辨”，就像我们每天吃饭，要在口腔里充分咀嚼，不能囫囵吞枣。《中庸》曰：“人莫不饮食也，鲜能知味也。”[③]当代人已经习惯快节奏的生活，苏轼倡导的“八面受敌”读书法已很少有人去实践，朱熹的“循序渐进、熟读精思、虚心涵泳、切己体察、着紧用力、居敬持志”[④]二十四字读书法更是少有人理睬。

随着群文阅读、整本书阅读的推行，关于阅读策略的研究成果越来越多。无论用哪一种策略阅读，最终都要以气御之，否则就会淹没在书海里，成为“两脚书橱”。“腹有诗书气自华”[⑤]，读书要内

① 陈戍国点校：《四书五经》上，11 页，长沙，岳麓书社，2003。

② 《鲁迅全集》第 14 卷，77 页，北京，人民文学出版社，2005。

③ 陈戍国点校：《四书五经》上，7 页，长沙，岳麓书社，2003。

④ 姜春颖、赵亮编著：《朱熹教育思想研究》，186 页，太原，山西人民出版社，2020。

⑤ 《苏东坡全集》第 1 册，107 页，北京，北京燕山出版社，2009。

化，提升自己的理想境界和思维能力；要笃行，化作自己的一言一行。在哲学史上，康德就像一个蓄水池，一切之前的水向它注入，一切之后的水从它流出。如果没有德谟克里特、伊壁鸠鲁、康德、费希特、黑格尔、谢林、费尔巴哈等人，就不可能有集大成的马克思主义。如果没有牛顿的经典物理学，就不可能有爱因斯坦的相对论，也不可能有今天的量子力学。在人类的发展史上，每一个人都是过客，但是，每一个人都不是无谓地到世上走一遭，都会争取给后人留下一些东西。所以，我们要善于吸收先人的智慧。先人的经历、情感、智慧早已变成遗传密码，植入我们的头脑，诚如法国符号学家克里斯蒂娃所说："任何文本的建构都是引言的镶嵌组合；任何文本都是对其它文本的吸收与转化。"①

作为教育人，我们的"气"是什么？是教书育人。只要胸中充溢着这股正气，则无物不可化在我们的笔下。

写文章的最高境界是"养气"，而在具体写作中，要有学术规范意识，而且这种规范越来越严格。

事实上，我们可以依照网络检索时看到的线索，按图索骥，下载相关联的文献阅读，看看它们能不能开阔我们的思路，激发我们的灵感。

第七节　论文≠课题

课题是推动课程改革的重要抓手，各级教育行政部门每年都会发布课题。期刊评价机构也很重视课题的级别，把它列为评价指标

① ［法］朱莉娅·克里斯蒂娃：《词语、对话和小说》，祝克懿、宋姝锦译，载《当代修辞学》，2012(4)。

之一。而今，课题几乎成为论文的标配。

课题申请书的结题要求之一是要在相应级别的期刊上发表一定数量的论文，国家级、教育部的课题一般要求 CSSCI、中文核心期刊，我刊目前还不是核心期刊，所以很少收到这么高级别的课题论文，大多是省市级课题。有的课题结题要求公开发表一篇论文，所以有些教师就产生一种误解：1 个课题=1 篇论文。

不少教师申请课题时热情高涨，开课时轰轰烈烈，然后由于事务繁忙就把它抛到一边了，等到结题时间即将截止才想起来，于是匆匆忙忙用几天的时间写一篇论文发表。这样写出来的论文往往大而空，言之无物。例如，来稿《依托生物学教学渗透劳动教育，实现立德树人目标》，文章题目很大，但内容过空。

从出发点来看，做课题研究和论文写作有许多共通之处：都要清醒地认识“我是谁”，选择难度系数适合自己的课题，确定明确的研究对象，运用恰当的研究方法；以学为中心；研究成果要进行网络比对，重复率不能超标；等等。但是从成果生成的角度来看，课题>论文。中小学的课题，应该是一群人共同研究，共同实践，有计划地分阶段进行的。其成果的表现形式应该是多样化的，有优秀的课例、成熟的教学模式、个案研究报告、调查报告等，各个阶段都应该有总结。课题研究成果不一定都要写成论文发表，也可以以内参的形式报告给有关领导，供其决策、参考；也可以形成区域的学科教学主张；也可以在适当的范围内公布，通过倡导全员参与的教育科学研究，实施本校教职工的全员校本培训，提高教职工的教育理论水平、教育教学水平和职业道德修养，营造良好的学校文化和学校精神。总之，课题研究应重在实践导向，为的是解决实际问题，而不是理论导向。2019 年，教育部印发了中华人民共和国成立以来的首个教育科学研究规范性文件《关于加强新时代教育科学研究工作的意见》。文件明确提出："根据理论研究、应用研究、决策咨询等不同研究类型，科学设置分类评价标准。"

然而，自文件颁发以来，笔者还是经常遇到因结题需要而急于发表的论文，很是无奈。

真抓实干，说起来容易做起来难。但是，通过努力，能往前推进小小的一步，也是有意义的。我们依然期待着言之有物的论文。期刊不是为结题需要而办的，而是为读者服务的。编辑是为读者筛选信息的，我们觉得有推广价值的信息，才拿来刊登。

从工作纪律上来说，期刊监管部门也在盯视着。例如，有一篇题为《域外视域下的他者关照与文化传承下的自我镜鉴》的文章内容同所标注的基金项目完全不符，显然文不对题，是为了项目标注而标注，因而受到了通报批评。

所以，请不要再对编辑说："我这篇论文是结题需要的啊!"编辑理解投稿者结题的迫切需要，而作者也应该理解编辑的职业道德底线和纪律要求。

课题发布、管理部门也发现了这个问题，所以加插了个中期检查环节。但是，关键还是研究者要自律。

课题研究与论文写作有一个共同点：都是基于问题。然而，现在的课堂研究更多的是基于政策，即按照政策发布课题指南，而申报者也大多基于课题指南来撰写申请报告，这就导致盲目跟风。其实，政策导向应该与问题导向结合起来，依照世界的发展大势，从当下的教育教学实践中寻找合适的问题，这样开展的研究才能具有更强的动力，也才能避免"课题结题之日就是万事大吉之时"的现象，才能促进持之以恒的成果转化，推动问题的解决。

论文≠课题。不但作者要树立这种意识，管理者也应树立这种意识，寻找教科研成功评价的良策，共同营建“破五唯”的良好学术环境。

第八节 理论学习

一说起写论文，很多教师最头疼的就是理论，老是说自己理论学习不够、理论水平不高。

的确，理论很重要。恩格斯说：“一个民族要想站在科学的最高峰，就一刻也不能没有理论思维。”[①]有些理论讨论的是永恒的话题，具有极强的概括性；而有些理论则有其适应的时代，放在其他的时代，就不灵验了。比如，牛顿的经典物理学适用于宏观、低速运动的时空，而爱因斯坦的相对论则适用于由三维空间和一维时间组成的四维时空。所谓“洋为中用，古为今用”，这是相当难的事，必须有个转化的过程，没有灵活地转化，直接拿来用，肯定没有好结果。例如，《“五育融合”视域下“幼小衔接”课程的建构与实施》这篇来稿，几乎每一段的开头都引用了名言，作者似乎读过许多教育经典，但其实是拿名人来撑面子，这种行文风格被学界称为“名人开会”。又如，《整本书阅读教学中跨学科项目化模式的建构、实施与评价——以〈红星照耀中国〉为例》这篇来稿，以“召开为红军战士辟谣的新闻发布会”作为驱动性问题，开展项目式学习的整本书阅读，创意非常棒，只要把为什么以此为项目、如何把项目开展好、开展这个项目学习得到哪些经验、今后开展这类学习还需要注意什么问题等谈清楚就可以了。这篇文章在参考文献中列了三条应该是

① 《马克思恩格斯选集》第 3 卷，875 页，北京，人民出版社，2012。

作者怕被嫌弃理论水平不够而引用的文献，但在笔者看来这属于无效引用。

其实，教师都接受过高等教育，都掌握了许多概念，也具备了一定的理论思维，没必要把理论思维想象得高不可攀。一线教学是基于实践的，一切应该从实践出发，只要是经过实践检验的，就是可行的、有效的，就应该坚持；如果实践经验是不灵光的，就应该及时反思，及时调整策略。阶段性地进行正反两方面的经验总结很重要，诚如毛泽东所说："我是靠总结经验吃饭的。以前人民解放军打仗，在每个战役后，总来一次总结经验，发扬优点，克服缺点，然后轻装上阵，乘胜前进，从胜利走向胜利，终于建立了中华人民共和国。"[①]教师成长所靠的缄默经验，是在年复一年日复一日的教学中磨砺出来的，而写作就是要把这些缄默经验唤醒。

要唤醒缄默经验，除自我反思外，理论学习这把锤子也很重要。没有理论的锤子去敲打坚硬的现实生活，真理是不会自动跑出来的。因为人的思维惯性和行为模式是很顽固的，哪怕一点点的改正，没有外力的作用，单凭自我警醒是很难的。一代代人的智慧，有的靠遗传密码传承下来，有的靠祖传父父传子一脉相承，仅仅一小部分被文字记载下来。"天不生仲尼，万古长如夜"[②]，其实，比孔子更厉害的是仓颉，仓颉创造了文字。我们学习语言文字(包括古汉语和各种外语)是很重要的。通过学习他人的智慧，我们不断地进行自我雕塑，去除杂质，保留纯真，日臻完善。

我们不能固守老祖宗的东西，也不能轻易丢掉老祖宗的东西，

---

① 张太原等：《跟毛泽东学工作方法》，189～190页，北京，人民出版社，2021。

② (宋)黎靖德编：《朱子语类》第6册，王星贤点校，2350页，北京，中华书局，1986。

做“抛却自家无尽藏，沿门持钵效贫儿”[①]的傻事。一些有文化自觉的人已经行动起来了。福建省尤溪县教师进修学校原校长吴飞曾发动身边一批志同道合的教师一起背诵《学记》。2018 年 4 月 22 日，福建省第二批名校长在福州梅峰宾馆集训，邀请了华东师范大学的杜成宪教授做《怎样读〈学记〉——兼谈教育名著的研读办法》的讲座，杜教授在课堂导入环节询问在座的校长有没有人读过《学记》，时任尤溪县第七中学校长的陈利灯应声走到前台，为大家诵读《学记》，一时传为佳话。

顾泠沅教授深得《学记》之精髓，他把《学记》中的“学然后知不足，教然后知困。知不足，然后能自反也。知困，然后能自强也。故曰：‘教学相长’也”[②]运用到 45 年的数学教改中，并称之为“教学双通道反馈”，且绘制出这样一幅图[③](图 1)：

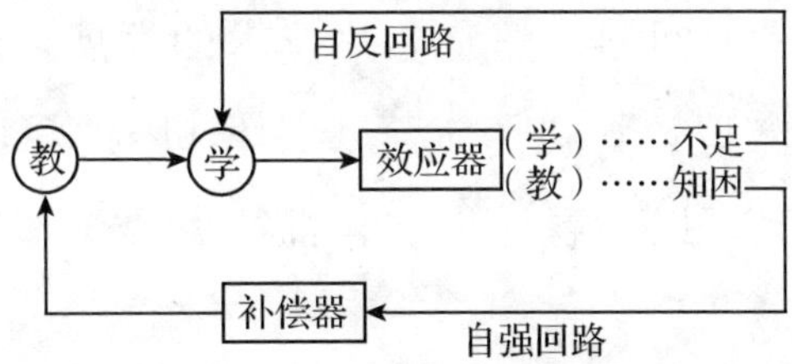

图 1 《礼记·学记》中的“教学双通道反馈”

我们学习西方的理论，主要是要理解、掌握、运用一些新概念。首先要对概念进行溯源，不要“大胆”地拿来就用。比如，对于“深度学习”这个概念，很多人根本就没有理解，只是看到很多文章

① 《王阳明全集》第 3 册，240 页，北京，中国画报出版社，2016。

② 陈戍国点校：《四书五经》上，562～563 页，长沙，岳麓书社，2003。

③ 参见顾泠沅：《45 年：一项数学教改实验》，载《华东师范大学学报(教育科学版)》，2022(4)。

使用它，觉得它很时髦，很亮丽，就拿来“佩戴”在自己的“胸口”，“招摇过市”。例如，《运用问题墙助推大班幼儿深度学习的实施策略》这篇来稿，其作者是一位一线教师。一线教师在写论文时没必要从下定义开始。咱们写文章就实实在在地从问题出发。这篇文章提出的“问题墙”在我所审的稿件中没见过，挺新鲜的，所以我认定它有价值。但是，由此指向“深度学习”，恐怕不是幼儿园教师所能胜任的。就说“运用问题墙提升大班幼儿的思维能力”不行吗？干吗要拔那么高？

深度学习的概念，源于计算机科学、人工神经网络和人工智能的研究。2005 年，我国学者黎加厚在《促进学生深度学习》一文中率先介绍了国外关于深度学习的研究成果。① 计算机的厉害之处就在于高速运算。为了提高运算速度，人们发明了计算机。早期的计算机很庞大，要占满一间屋。随着芯片技术的发展，现在一手在握的手机也就是一架微型计算机了。至于计算机与“深度学习”的关系，我所知甚少，大家可以去看何克抗、祝智庭、黎加厚、郭元祥等人的文章。

我所理解的“深度学习”就是能发出“哦”的学习，是“悟”出来的学习。深度学习的相对面是浅层学习。1956 年，布卢姆在《教育目标分类学》里，将教育目标分为识记、理解、应用、分析、综合、评价六个由浅入深的层次。② 由于“深度学习”很流行，很多人一味地追求深度学习。其实，浅层学习也很重要。没有浅层学习，何来深度学习？当然，追求基于深度学习的教学设计很重要，如果能够

---

① 参见郭元祥：《论深度教学：源起、基础与理念》，载《教育研究与实验》，2017(3)。

② 参见[美]安德森等编著：《布卢姆教育目标分类学：分类学视野下的学与教及其测评(完整版)》，蒋小平等译，78～80 页，北京，外语教学与研究出版社，2009。

让深度学习发生，必定有助于“识记”等浅层学习。所以，教学设计的问题要有一定的难度，以深度学习来裹挟浅层学习。

没有深度学习的教学，只是简单地让学生记住一些公式，然后将这些公式套用到题目中，只要会解题，就万事大吉。20 世纪 50 年代中期，在瑞典工作的两位美国学者对学生的学习过程进行实验研究。他们给一组学生同一份专业文章，告之将会对这篇文章进行提问。研究表明，学生们处理这篇文章的方式可以分为两类：第一类学生把注意力放在了有可能会被提问的部分，并且尝试着背诵这些内容；第二类学生阅读完文章后，概述文章的大体意思，抓住中心思想，并且与自己的专业结合起来思考。1976 年这两位美国学者联名发表了《学习的本质区别——结果和过程》一文，在文中，他们提出了深度学习和浅层学习这两个概念，并进行了详细的阐述，这被普遍认为是教育学领域首次明确提出“深度学习”的概念。在上述实验中，很明显，前者属于浅层学习，学生为了过关而被动地学习，一般以背诵为主，谈不上理解，更谈不上与周围事物进行关联，是一种孤立的学习，后者就属于深度学习。①

深度学习要求教师善于引导学生“神入”，把经过抽象(抽离)的东西还原。例如，“太祖问：‘何物最大?’答者曰：‘道理最大’。”②要深入理解这句话，必须以丰富的想象力去还原那个历史场景：宋太祖赵匡胤是在什么情况下问这句话的？他为什么会问这句话？他想得到的答案是什么？答者(赵普)是什么身份？他为什么会这样回答？对话的现场还有什么人？现实生活中每一天人们都有无数的对

① 参见何玲、黎加厚：《促进学生深度学习》，载《现代教学》，2005(5)。

② (清)黄宗羲原著，(清)全祖望补修：《宋元学案》第 1 册，陈金生、梁运华点校，511 页，北京，中华书局，1986。

话，为什么单单这一句会被记录下来并且流传下来？

没有想象力是读不懂书的，没有把书读懂就去教别人是不可能的。赵匡胤作为统治者，这样发问，肯定是他们两人因为某一件事发生了冲突，他的言下之意是“我是皇帝，难道这件事不是我说了算吗”。而赵普作为宰相，是具体办事的人，他知道事情的来龙去脉，清楚这件事不能让皇帝“任性”，不然后果不可收拾，所以他硬着头皮，愣愣地回答。当然，他和赵匡胤共事多年，知道皇帝的性格，知道他心胸开阔，不会因此砍自己的头，所以才敢如此大胆地回答。而史官认为这件事意义重大，就在史册上记录了下来。通过“神入”，我们“进入”历史现场，就会明白，他们君臣二人并不是在讨论一个哲学命题，而是在博弈。理解了之后，我们就懂得士大夫“以天下为己任”的情怀了。

文科学习需要“神入”，理科同样需要。以物理教学为例，“在日常教学中，仅仅举出几个圆周运动实例，并加以简单说明解释，学生在知识技能上简单、机械地记忆了有关圆周实例的零碎知识，最多停留在专家知识的层面上，没有在较深的专家思维上进行结构化，没有真正理解，没有神入，更谈不上会在真实世界中解决问题”①。美国后现代课程理论家多尔提出了课程的内在元素——3S，S1 即 Science，是指知识的科学性，课程内容的学习不仅仅是从概念知识到概念学习，更需要理解知识之中隐含的思想、方法和思维方式；S2 即 Story，是指知识理解的生动化、形象化、叙事性，注重课程内容学习过程中经验的参与和情境的依赖；S3 即 Spirit，是指知识所隐含的思想、意义等系统，学生需要通过深刻的反思、感

① 罗春春：《真实情境的类型在圆周运动实例中的教学例析》，载《福建基础教育研究》，2022(5)。

悟与觉醒等意义建构的过程才能真正获得。显然，S2 表明了增强课堂画面感的意义和价值，是构成 S1 与 S3 意义关联的必经过程。课堂的画面感是学生在知识加工的基础上产生的丰富的联想、生动的形象，既是构成知识与学生人生经验和生活体验之间的意义关联和价值关联的状态，又是这种意义关联和价值关联的必然结果。可以说，课堂缺乏画面感，学生对知识的学习往往会停留于表面学习和表层学习的状态。①

理论学习，重要的是学习新概念。而学习新概念，要关注权威作者的新文章。《课程·教材·教法》是我必看的学术期刊之一，发表在上面的名家文章，我都会认真阅读。2020 年第 4 期，该刊发表了王荣生教授的《事实性知识、概括性知识与“大概念”——以语文学科为背景》，我看了好几遍，一头雾水，遇上中文专业的同事，就讨论这篇文章，大家好像也说不出所以然。我又看了好几遍，终于看懂了文章的结尾：

> 语文学科向来是我国基础教育课程与教学教改的急先锋。以“大概念”组织单元(阅读教学单元)在语文教学界目前有一股风云乍起之势。笔者经认真学习并初步尝试，对以“大概念”组织单元持高度认同态度。但无论是埃里克森和兰宁提倡的“以概念为本的课程与教学”，还是威金斯和麦克泰提倡的“追求理解的教学设计”，包括琳达·达林-哈蒙德等人的各自倡导，笔者都建议“缓行”。②

---

① 参见郭元祥：《论深度教学：源起、基础与理念》，载《教育研究与实验》，2017(3)。

② 王荣生：《事实性知识、概括性知识与“大概念”——以语文学科为背景》，载《课程·教材·教法》，2020(4)。

我认真揣摩了王荣生说这句话时的心态。王荣生是何许人也？他是中华人民共和国第一个课程与教学论专业语文教育方向的博士，其博士论文《语文科课程论建构》在语文教学界具有广泛的影响，他还是统编版高中语文教材的主编之一。这样的人说出“经认真学习并初步尝试，对以‘大概念’组织单元持高度认同态度”这样的话是非常不容易的，表明了他思想认识的一个重大转变。由此，我开始关注有关“大概念”的文章，并策划组织相关的文章在本刊发表，最终追溯到这个概念的起源；由此，我对“大概念”有了初步的了解。

理论是不断创新、发展的。因为所有的理论都是在特定的时空中产生的，有其适用的范围，一旦超出这个范围，就可能失灵，需要新的理论来阐释。面对层出不穷的新理论，我们不能停下追逐的脚步，这是一件辛苦的事。没有紧跟时代潮流，学习新概念、新理论，就会听不懂别人在说些什么，到那时，就会落后于时代。理解、掌握、运用了新概念，就会使自己的文章亮丽起来。①

理论学习还有一个艰巨的任务，那就是创新理论。这是时代的呼唤，也是中国教育走向世界直至引领世界的伟大任务。

---

① 倪文锦先生大概不会同意我这个观点，他认为：“少数专家对外国的一些教育教学理论盲目崇拜，甚至奉为圭臬，照抄照搬。一线教师在接受培训以后，名词术语学了不少，但大多隔靴搔痒，能够真正应用于课堂教学实践的少之又少，更不要说实际的教学效果了。”倪文锦：《备课创新：构建教学思维导图——基于焦点阅读的设计思路》，载《语文建设》，2022(8)。而浙江大学的刘力教授则认为，如果教师对课程改革的实践还用传统的一套语言来表达，就会丧失课程改革原本的意义，也因此导致实践中的课程改革成为新旧混杂的混合形态，使得课程改革的力度被削弱，课程改革的举措被扭曲，课程改革的方向被修正，甚至使教师走上了与课程改革完全不同的实践道路。总之，课程改革必须进行“概念重建”。见仁见智，请读者自己裁决。

第二章　学术规范

本章讨论的是一篇文章如何才能达到60分的问题。很多来稿没有遵循基本的学术规范，达不到60分，那是因为投稿者没有受过学术规范的训练。在笔者的求学、写作生涯中，一路都是被“骂”着长大的。笔者比较愚笨，脸皮又不厚，一被“骂”，就脸红耳赤，心跳加速。本章就把笔者所得的经验、教训告诉大家。

本章关键的是第一节，第四、第五节和第八节，对应的是题目、问题意识和学术积累三个问题。而问题意识是论文的核心，这个话题笔者虽然特意用了两节来详讲，但依然不能讲好、讲清楚。

问题意识必须与目标意识相配合。问题是基于现实的发现，而目标是要去实现的理想，二者必然有落差。如何消除这个落差，就是教学要发力之处。

第一节　题目：小切口，深挖掘

“题目太大，论述泛泛，没有新意。”这是我们常用的格式化退稿理由。

中小学教师论文一般指向实践而不是理论，字数在 3500～

7000，是小论文。切不可摆出一副指挥全中国课程改革的架势，咱就在自己的一亩三分地上耕耘，把自己的课堂上好、自己的学生教好即可。更不可写得像书。书作为著作，动辄十几万几十万字，3500～7000字与之相比，不是同一个重量级。可是有些来稿的架构就像书，从概念讲到原则，再讲到具体教学案例。这样的教师可能没有翻阅过学术期刊。不看期刊就给期刊投稿，就像没有认清门户，就闯进去做客一样，难免要碰壁。论文与教科书的差别非常大。教科书一般是老教授写给莘莘学子的范式，是要他们背下来打底子的，一般是没有分歧的，是横面上展开的；而论文是沿着问题切开、深究，既然要拿出来讨论，就是学界对这个问题尚有争论，或者不太重视，其语言风格是不太确定，带有商讨性的，注重在纵面上掘进。

纵深掘进，掘进，再掘进！我们对待来稿的态度是不放弃，只要作者不怕艰难、肯钻研，我们就会一直提意见，在“鸡蛋里挑骨头”，直到“挑不出骨头”为止(我们竭尽全力办刊，至于我们的力到底有多大，那是另一个问题)。例如，《高中生议论文写作思维三大障碍及其解决策略》这篇来稿，我第一回的修改意见是“只抓住其中一大障碍”来深入研究；作者修改回来的文章题目变为“高中生议论文写作逻辑推进的障碍及其解决策略”，我抓住其中“逻辑推进”这个关键词，下载了一些权威文献供作者学习。修改的第三稿题目变成“问题化构思：议论文写作逻辑推进策略分析”。这一回增加了“问题化构思”一词，把议论文写作逻辑推进的策略讲明白了，题目一下子就显豁了。看到作者的写作思路在我的引导下逐步清晰、明朗，我也觉得自己为课程改革尽了绵薄之力。

题目是一篇文章的关键。题目不能过大，也不能过小，过大显得文章空洞，过小容易钻牛角尖。例如，《磁流体发电电流应如何计算》一文专家的审稿意见是：该文意义不大。该文纠结于流体与固体的差别而认为不应把流体等同于固体粒子，但从推导的情况来看二者的区别主要在于霍尔系数，而霍尔系数小到可以忽略，可以说是影响电流计算的次要因素。该文是对公式的争鸣，而公式不过是用了理想化模型的方法，是中学阶段所倡导的科学方法，该文所提计算方式却是中学阶段不做要求的，因此文章意义不大。又如，《在促进学生个性发展上先学后教与翻转课堂孰优孰劣》，这篇来稿把"先学后教"与"翻转课堂"两个概念拿来比较，是错误的。"翻转课堂"是大概念，包含了先学后教、以学定教、少教多学等内涵，怎么可以拿大概念与小概念做比较呢？

好的题目应该是以小见大。讨论的是小问题，通向的却是大世界。例如，《高中语文课堂导学问题设计的有效性刍议》《基于化学核心素养的真实情境的创设策略——以"镁的提取及应用"课堂教学为例》《几何模型构造法的解题策略探讨》《基于图式理论下的中学英语听力教学浅谈》《情景美文在初中思想品德教学中的应用》《试论初中美术课抽象绘画艺术与音乐的关系》等，都是好文章的题目。诚如《红楼梦》第三十八回"林潇湘魁夺菊花诗　薛蘅芜讽和螃蟹咏"里说的："众人看毕，都说这是食螃蟹绝唱，这些小题目，原要寓大意才算是大才。"①

要做到小中见大，一般有三种办法：一是找准一个点深挖，如《"双减"背景下小学低段数学期末"乐评"实践探索》，这里的点是"乐评"；二是设置两个关键词，在其交叉处发掘研究的点，如《应用数学模型发展生物科学思维的教学方法》，就是在生物学与数学

① （清）曹雪芹著，范文章译注：《红楼梦》，91页，成都，四川人民出版社，2017。

的交叉处发力；三是加个副标题，如《高中数学解题教学中逻辑思维的培养——以数列解题为例》。

学术研究的困难在于"接着说"，要言人之所未言，也就是创新。例如，以下文章框架：

一、"读思达"教学法基本理念和内涵

二、"读思达"教学法在高中物理教学中的应用意义

(一)可为物理教学顺利开展奠定良好的基础

(二)可培养学生自学探究及创新发展的能力

(三)可提高学生物理实践运用和概括表达能力

三、"读思达"教学法在高中物理教学中的应用策略

(一)强化阅读教学

(二)逐步引导学生进行思考

1. 培养学生思考意识

2. 巧设问题引导学生思考

3. 引导学生进行自我查验

(三)注重引导学生表达

1. 鼓励和引导学生进行表达

2. 传授学生实用性的表达方法

这是套用福建师范大学余文森教授的观点，按照余教授的话在说，未见新意。

近几年，《福建基础教育研究》刊载的文章被中国人民大学书报资料中心全文转载30余篇，这些文章的题目值得借鉴：

1. 周大明、张惠娥：《高中英语文本"三维"解读实践探究》。

2. 郭婧文、潘申润、陈冰：《基于数据分析的高三化学教学诊断与复习策略探析》。

3. 许可雄、陈坤其：《基于数学核心素养的教学设计能力调查分析》。

4. 刘菊春：《十二年来课程视角下初中语文专题式微型教研实践与探索》。

5. 邹春盛：《全国卷文学类文本阅读的"必备知识"和"关键能力"——2017—2020 年全国卷文学类文本叙事视角研究》。

6. 金文伟：《汉字学视角的汉字构形规律与教学例析》。

7. 张宏伟：《"经典诵读＋"：小学高段语文素养培育的新路径》。

8. 黄志忠：《新劳动教育的时代内涵与实施路径——以邵武市第二实验小学为例》。

9. 林巧渝：《优化议题情境　提升思维品质——以高三政治复习课为例》。

10. 张心科：《〈昆明的雨〉：作为画家和小说家的散文》。

11. 张世钦：《MPCK 视角下的数学概念教学——以七年级"4.3.1 角"新授课为例》。

12. 邓锦松、杨梓生：《以学科大概念为核心的整合性复习教学实践——以"几种气体的实验室制取"复习为例》。

13. 张明媚：《基于项目式学习　构建小学英语 SMART 课堂——以外研社〈英语〉四年级上册 Module 10 Unit 1 We have a big family dinner 为例》。

14. 陈建源：《语用型1＋1＋×：基于统编教材的“主线语文”实施新径——以郑振铎的〈猫〉教学为例》。

15. 蒋兴超：《科学与公平：二选一文题命制的基本伦理——基于近两年各地中考作文题的考察》。

16. 石修银：《指向深度写作的作文命题及教学重构——以2021年中考作文命题为视阈》。

17. 唐丽芳：《探析书面表达命题转向　反拨读写教学实践改进》。

18. 刘菊春：《对标定点　统整推进——统编初中语文教材单元整体化教学思考》。

19. 潘新和：《古今贯通：治学先治史——语文学研究随想》。

20. 朱欢欢：《小学语文教材习作单元的项目式学习设计——以五年级上册第五单元“介绍一种事物”为例》。

21. 于文安：《以党组织领导的校长负责制推进中小学现代学校治理的路径探析》。

22. 吴玉忠：《高中历史“联系—结构化”教学的实践与思考——以〈中国近代化探索之路〉专题复习为例》。

23. 朱巧云：《主题建构游戏中幼儿自主学习能力和习惯的培养》。

24. 陈碧云：《高中语文选修课程项目化学习探究——以〈天妃灵应之记〉碑微课程开发实施为例》。

25. 张鹈、王素云：《物理教学中浅层学习与深度学习及其转化策略》。

26. 梁东红：《小学科学项目式作业的设计、实施与评价——以六年级“工具和机械”单元教学为例》。

27. 曾艳娟、吴健勇：《单元统整 任务驱动 支架助力——“双减”背景下的初中语文作业设计》。

28. 杨芬：《基于差点教育理念的农村幼儿园新教师专业发展培训优化设计》。

29. 林秋停：《儿童立场：表现性评价在小学道德与法治课堂的实施路径》。

30. 王文永：《基于“互联网+”的高中语文整本书深度阅读教学实践 ——以〈红楼梦〉教学为例》。

31. 张丽珠：《基于〈评估指南〉精神，提升园本课程质量的调适与创生策略——以建瓯市实验幼儿园为例》。

32. 谢小庆：《五诀、七诫、九酌：审辩式论证的思维进阶》。

33. 杨定胜、代薇：《文学阅读大概念的内涵、类型与教学方式》。

34. 石修银：《化约思维：写作中的表现、原因与矫正》。

35. 林宏滨：《素养导向下数学选择题的题型分析与编制原则》。

36. 吴雪峰：《高中英语“以看促学”教学实践探究》。

37. 温超峰：《初中物理课堂学习评价的实践探索——以“模型建构”核心素养培养为例》。

当然，“小切口，深挖掘”是论文写作的一个重要原则，并非统统适用。对于较高层次的正高级教师、教研员，不但要有“点”的深挖，还要能跳出来，有“面”的视野，能在“面”上提问题，指导更大范围的教师深入教研，如福建省建瓯市教师进修学校陈振龙的《二十年来建瓯市中学教育科研区域探索与启示》就是这样的好文章。①

第二节　摘　要

摘要，顾名思义就是把要点摘出来，即不阅读全文就能获得的必要信息。可是，不少作者不知道这个意思，没有把摘要写好。

以前的论文是没有摘要的，国外的论文出现摘要大约在 20 世纪 60 年代，我国则大约到 20 世纪 70 年代才出现，而普遍出现则是在 21 世纪。为什么要有摘要呢？因为信息爆炸，一要为计算机的检索提供方便，有利于文献的二次传播；二要在如山如海一般的信息中凸显出来，为目标读者服务。总之，题目、摘要，都是为了凸显文章的主要内容。题目是文章的眼睛，要具有“勾魂摄魄”的力量，“回眸一笑百媚生”；摘要可以说是“回眸二笑”。“一笑”没有勾留住人，那么，就施展“回眸二笑”的力量，以尽可能把目标读者勾留住。摘要字数以 200～300 为宜。来稿中常见的错误有以下几类：

一是把摘要写成引言。例如，来稿《群文阅读教学策略研究》。这篇来稿的摘要写的是众所周知的常识，并不是作者亲身实践探索的心得体会，没有信息传播的价值。又如，来稿《反思小学数学课堂调控》。这篇来稿的摘要直接列举新课程标准中的内容。摘要不能出现引用，因为在这个关键的位置，要展示的是自己创新性的成果。课程标准很重要，是指导我们课堂教学的指南，但是，课程标准是最高的教育行政部门的指示，一线教师要展现的是自己是如何

① 参见陈振龙：《二十年来建瓯市中学教育科研区域探索与启示》，载《福建基础教育研究》，2020(5)。

创造性地执行课程标准的。同时，摘要也不要出现图、表及不常用的符号和术语。

二是采用第一人称。例如，来稿《信息技术的瓶颈及对策》的摘要如下：

> 本文从教育信息化的六要素入手，在对中小学教育信息化的现状深入调查的基础上，分析了信息化现状及瓶颈，从而提出了相应对策及部分实际操作方法。

一般来讲，摘要要避免使用“本文”“笔者”这一类的第一人称。

三是做自我评价。例如，来稿《语文作业现状的调查、反思与对策》的摘要如下：

> 通过对师生的问卷调查，较准确地了解、认识了传统作业的价值观及目前语文作业中存在的几大鲜明弊端。在此基础上，通过详细分析，深刻地指出……文章从一个具体的层面、新颖的角度，思考了新课程标准理念在教学实践中的切实落实，极具实践意识与创新精神。

文中的“准确”“详细”“深刻”“新颖”“极具”等词都是形容词或程度副词，而且是高级词汇，把这样的词汇安在自己的文章上是不妥的。你的文章是否准确、是否详细、是否深刻、是否新颖，不是自己夸出来的，而应该由读者去评议。

摘要是一篇微型的文章，要完整，可以独立使用。科技期刊对摘要的写作要求更严格，一般采用结构化形式，要求包含目的、对象、方法、结果和结论等要素。当前，又推行英文长摘要，为的是扩大中国话语的世界影响力。

第三节　关键词

论文写作的关键词很重要。关键词一般是名词，会在打腹稿时反反复复地在头脑中“打架”，如果不经历概念“打架”的痛苦，构思就不能说是成熟的。关键词选得精准不精准，可以从一个侧面反映文章构思得成熟不成熟。

关键词作为名词，是概念，而概念有内涵与外延，没有把一个概念的内涵与外延弄清楚，就不能正确地理解和运用这个概念。例如，我在构思《和谐语境下均衡原则在期刊策划中的运用》[①]这篇文章时，一直在琢磨“均衡原则”这个概念，查阅了很多文献，有一天在看《新闻联播》时，听到主持人在批评国外某媒体报道我国发生的某件事时提及“有失均衡”，心中顿时豁然开朗，当晚就把论文写成了。又如，前几年，我国刚开始实施生活垃圾分类管理制度时，很多人不清楚如何对生活垃圾进行分类。福州市实行的是简单的二分法：厨余垃圾与非厨余垃圾。我和妻子在家里聊天时随口说了一句“厨余垃圾就是给猪吃的，非厨余垃圾就是猪不能吃的”，得到妻子的认可，称我这样概括简洁明了。后来，我应邀开讲座，备课时想用上这个例子又觉得拿不准这个概念，上网查了一下，发现“厨余垃圾”的定义是“居民在日常生活及食品加工、饮食服务、单位供餐等活动中产生的易腐的、含有机质的生活垃圾，包括丢弃不用的菜

① 参见赖一郎：《和谐语境下均衡原则在期刊策划中的运用》，载《湖南城市学院学报》，2010(4)。

叶、剩菜、剩饭、果皮、蛋壳、茶渣、骨头等，其主要来源为家庭厨房、餐厅、饭店、食堂、市场及其他食品加工业”①。我大吃一惊，因为“菜叶、剩菜、剩饭”等可以给猪吃，而“蛋壳、茶渣”等似乎不适宜给猪吃。我接着查到：“厨余垃圾非法收集和回收利用会对环境和居民健康产生威胁。对厨余垃圾单独收集，可以减少进入填埋场的有机物的量，减少臭气和垃圾渗滤液的产生，也可以避免水分过多对垃圾焚烧处理造成的不利影响，降低了对设备的腐蚀。……厨余垃圾应当提供给专业化处理单位进行处理，严禁将废弃食用油脂(包括地沟油)加工后作为食用油使用，严禁直接使用厨余垃圾饲养畜禽及鱼类，严禁用未经无害化处理的厨余垃圾生产肥料。厨余垃圾的运输必须全封闭，防止滴撒、遗漏，车身要有明显标识，具有政府主管部门核发的准运证件，方可从事运输。”②我汗颜了：原来“厨余垃圾”不仅与其产地有关，还与其运输、处理等有关。

理解概念首先建立在经验的基础上。汉字的“家”的象形意义就是屋子里养着一只猪，猪作为家庭的经济动物为人类所驯服已有几千年的历史了。我小时候(20 世纪 70 年代末 80 年代初)，老家福建省平和县的山村里，阁楼上住人，阁楼下就养着猪。20 世纪 90 年代初我离开家乡时，家里还养着猪。而大概十几年前，我国进行社会主义新农村建设，规定在一般的农村里，家里不许养猪(另一个重大举措是厕所改造)。然而，我的观念还停留在二三十年前的“屋子里养着一只猪”。这种概念叫作“前概念”，不是科学概念。我们学习概念，以前是靠背诵书本上的定义，但是，现在教材里一般不

① 《垃圾分类小百科》编写组编写：《垃圾分类小百科(全国通用版)：根据住建部新版〈生活垃圾分类标志〉标准编写》，78 页，北京，北京联合出版公司，2019。

② 冀海波编著：《城市生活垃圾分类处理》，33～34 页，石家庄，河北科学技术出版社，2013。

会直接给出定义，这就对教师提高了要求：概念是运用于真实情境的，不能灵活地运用概念，就是对概念理解、掌握得不充分。例如，我听过一堂初中物理课《质量》，教师的课堂导入是拿着一个羽毛球拍，把一个羽毛球从讲台桌的这边拍到讲台桌的另一边，然后对学生说：羽毛球从 A 点移动到 B 点，其质量并没有改变，这就是物理学中“质量”的定义——“物体中所含物质的量”。这怎么可能让学生明白呢？

理解概念的另一个办法是并举。因为概念一般不会单独出现，而是成双成对地出现，这叫“概念对”。这也是中国传统文化里所谓“阴阳互补”。所以，要透彻地理解一个概念，首先要把与这个概念相关联的另一个概念找出来，两个概念一比较就好理解了。比如，“质量”与“重力”，宇航员杨利伟到太空，由于地球的吸引力减小，其重力将会减小，但是杨利伟这个人还是杨利伟这个人，所含的物质的多少没有改变。为了比较物体所含物质的多少，需要引入科学概念“质量”。把“重力”与“质量”并举，学生应该能更好地理解“质量”这个概念。又如，“素质教育”就是相对“应试教育”提出来的，没有所谓“应试教育”，也就没有“素质教育”这个概念。

“概念”是伴随“科学”一词而来的舶来品。请看 20 世纪 50 年代，海德格尔（简称“海”）与日本东京帝国大学手冢富雄教授（简称“日”）的一段对话：

> 海：您们需要概念吗？
>
> 日：也许是罢；因为自从与欧洲思想发生遭遇以来，我们的语言显露出某种无能。
>
> 海：何以见得呢？

日：我们的语言缺少一种规范力量，不能在一种明确的秩序中把相关的对象表象为相互包含和隶属的对象。

海：您当真以为这种无能是您们的语言的一个缺陷吗?

日：东亚世界与欧洲世界的遭遇已经成为不可避免的事情了，这个时候，您的问题确实要求我们对之作一种透彻的思考。

海：您在这里触着了我与九鬼伯爵经常探讨的一个富有争议的问题。这个问题就是：对东亚人来说，去追求欧洲的概念系统，这是否有必要，并且是否恰当。

日：看起来似乎不再有什么退路，因为现代的技术化和工业化已经席卷了全球。[①]

今天，我们已经能安之若素地教授科学知识了。回到基础教育领域，我们的问题是如何才能更好地把科学知识传授给学生。

安德森等人合著的《布卢姆教育目标分类学：分类学视野下的学与教及其测评（完整版）》将知识分为四类。

第一类，事实性知识。“信息片段”形式的知识，包括术语知识以及具体细节和要素的知识。

第二类，概念性知识。结构化形式的知识，包括分类和类型的知识，原理和通则的知识，理论、模型和结构的知识。

第三类，程序性知识。关于如何做某事的知识，指做某事的方法、探究的方法。

第四类，元认知知识。关于一般认知的知识以及关于自我认知的意识和知识。

---

① [德]海德格尔：《在通向语言的途中》，孙周兴译，87～88页，北京，商务印书馆，2004。

安德森对知识的分类，使知识不再是一个没有深度的平台，而是展开为一个维度；至于认知过程，则是一个逐级上升的维度，包括记忆、理解、应用、分析、评价和创造六个层次。其中，事实性知识是一门学科或解决其中问题所必须了解的基本要素，进一步可分为术语知识以及具体细节和要素的知识，这些知识是分离的、孤立的，强调学生“知识的覆盖面”，重在识记。而概念性知识，则需要“理解”，表现为能够解释、举例、分类、总结、推断、比较、说明等。①

概念是学科的基石，每一门学科之所以能够独立存在，是因为它们都有独特的概念，因此一篇论文至少要抓住一个概念来深究。当然，一个个概念之间如果没有关联，就不可能建构起一门学科，因此一篇论文也可以抓住两个概念来研究，探究其自变量与因变量的“两相关”。

一篇论文的关键词排列要从大到小。许多写信息技术与学科融合的来稿，关键词常常会把信息技术排在前面，这就本末倒置了。学科教学是本，信息技术是末。信息技术是手段，学科教学才是目的。这类来稿大多无法论述清楚如何运用信息技术服务于学科教学，来稿的大部分篇幅讲的是信息技术，而将本学科教学重难点的论述丢在一边。

关键词在写作时很重要，在阅读时同样很重要。例如，毛泽东的诗句“天若有情天亦老，人间正道是沧桑”②，阅读时应抓住关键词“正道”。该句诗意是人要走正道，然而正道是一条异常艰难的道

① 参见[美]安德森等编著：《布卢姆教育目标分类学：分类学视野下的学与教及其测评(完整版)》，蒋小平等译，21～23页，北京，外语教学与研究出版社，2009。

② 《毛泽东诗词集》，74页，北京，中央文献出版社，1996。

路，要做出许多牺牲，假设老天爷是一个有感情的人，看到了也会伤心落泪，愁苦得容颜变得苍老，然而，中国共产党终于走出了一条胜利的道路。

第四节 开头：问题意识

近年来，《福建基础教育研究》刊出的文章已经形成了相对固定的格式：开头即提出问题。有些来稿的开头就不符合这个要求。

例如，《小学数学线上教学资源的利用策略初探》这篇来稿：

一、线上教学的相关概念

二、线上教学对小学数学教学的重要作用

三、当前小学数学线上教学资源开发利用过程中存在的问题

四、小学数学线上教学资源的利用策略

五、小结

这篇来稿从概念入手，直到第三部分才提出问题，不符合我刊的论文写作要求。另外，笔者建议在提问题时注意以下几个方面。

第一，问题要以学为中心，不以教为中心，不去挑剔别人的教学模式有哪些不足，而是发现学生学习中有哪些不足，然后围绕这个问题展开讨论。

第二，问题要具有讨论性。例如，《人工智能背景下小学机器人普及教育的实践探索》这篇来稿的开头，乍一看像是提问题，但其实是作者在发牢骚。因为硬件问题是客观存在的，是一时难以改变的。而作为论文，重点要研究的是在现有的条件下，如何发挥主

观能动性，把看似不可战胜的困难攻克下来。

第三，问题要集中。不要一下子提出很多问题，问题提得太多，会让人头皮发麻，无从下手，等于没有提问题。要善于从纷繁复杂的问题中厘清头绪，只有把头儿找出来了，才有可能把一团乱麻理清楚。快刀斩乱麻是没有办法的办法，非紧急情况不可采用这一策略。毛泽东在《矛盾论》中说："在复杂的事物的发展过程中，有许多的矛盾存在，其中必有一种是主要的矛盾，由于它的存在和发展规定或影响着其他矛盾的存在和发展。"①一线教师也要善于以学为中心，在诸多矛盾中找到主要矛盾。

例如，《浅议作文教学方法创新》这篇来稿，一开篇("作文教学现状")便列举以下问题：

1. 教学传统，模式引导
2. 命题局限，难以创新
3. 机械写作，缺乏真意
4. 兴趣短缺，文章乏味

这篇文章一下子对当前的作文教学提出四个问题，太多了；而且每一个问题都是令人头疼的大问题、老问题。我们不是说对这些问题要视而不见，任其泛滥，而是说要抓住其中一个问题，深入剖析，提出解决问题的良策。我们要讨论问题，而更重要的是要提出解决问题的良策。刊物不是发牢骚的平台，而是大家共商共议、开展头脑风暴的平台，比的是谁看问题的角度更新颖，谁提出的问题更尖锐，谁解决问题的策略更优化。

① 《毛泽东选集》第1卷，320页，北京，人民出版社，1991。

古人对文章提出“凤头”“猪肚”“豹尾”的要求，其中“凤头”有两个特点：小而精致。而上例就没有达到这种要求，不是“凤头”而是“寿星头”，额头凸出得太多。要把头削小，把空间让给身子，这样才合乎比例，重点才能突出。

第四，问题要精准，要有明确的关键词，问题要聚焦。

例如，《核心素养视域下初中化学科学探究课学习评价的研究——以〈碳酸钠和氯化钠的鉴别〉为例》来稿：

一、问题的提出

科学探究是一种以问题为导向、以学生为主体、以教材知识为基本的探究内容、解决实际问题的学习形式。目前，虽然各地掀起开展科学探究教学的“热潮”，但对科学探究教学及学生科学探究能力发展状况评价的研究仍然不够深入。在科学探究课中，重结果轻过程，有教无评的现象较为普遍，课堂中缺乏对学生的学习过程的形成性评价，这样不仅课堂教学目标难以实现，更阻碍了学生科学探究与创新意识的培养。如何有效开展学习评价，发挥科学探究教学应有的评价功能，提高学生自主学习能力和学习的积极性以促进学生核心素养的发展，是科学探究课不容忽视的问题。

这篇文章要探究“评价”与“探究”的相关问题，很有价值，但是文章开头所提及的问题并不聚焦也不明确。“评价”是一个大概念，包含了综合评价、过程评价、增值评价和结果评价等。此文谈的到底是哪一种评价呢？概念不做细化，内容就会笼统。再说，此文是化学教学论文，可是这么一大段看不到有关化学的内容。这就是问题不精准的表现。

第五，问题要与策略相匹配。问题提出来，是为了解决。有些来稿的问题与策略不匹配，问题归问题，策略归策略。这说明作者知道写论文的套路，但仅得其形不得其神，文章是拼凑出来的，没有价值。

例如，《浅议作文教学方法创新》这篇来稿，其框架如下：

一、作文教学现状

1. 教学传统，模式引导

2. 命题局限，难以创新

3. 机械写作，缺乏真意

4. 兴趣短缺，文章乏味

二、创新作文教学方法的建议

1. 注重素材，引导积累

2. 重视观察，鼓励思考

3. 主动交流，积极分享

4. 鼓励创新，突破自我

这篇来稿首先提出四个问题，再献出四个策略，看起来结构匀称，但是经过分析，你会发现问题与策略是各说各话，相互间并没有很好的逻辑关联。也就是说，这篇来稿并不是用来解决问题的。其实，文中提出的“命题”是一个很好的问题，可惜在策略部分却看不到一丝一毫的呼应。

第六，问题意识首要的是培养质疑精神。无论是《普通高中课程标准(2017 年版 2020 年修订)》还是《义务教育课程标准(2022 年版)》，都很重视批判性思维的培养。因为只有敢于质疑，敢于挑战权威，才能有创新。

例如，《生活素材慎选妙用才有效》这篇来稿：

> 《义务教育数学课程标准(2022 年版)》指出："能够在生活实践和其他学科中发现基本的数学研究对象及其所表达的事物之间简单的联系与规律。"因此，数学知识生活化、生活世界数学化这一理念越来越受到教师的重视和应用。

这段文字，"因此"之前删去其实也是可以的。首先，课程标准必须得到充分的尊重，但是应该将其内化于心，外化于行，而不是用来贴标签、喊口号；其次，课程标准是大家熟知的文本，其内容经常被人引用，你再引用，会使自己的文章网络重复率变高；最后，课程标准不是一成不变的，要与时俱进，作为一线教师，应该探索在前，为课标的改动提供事实依据。

如果这个案例还不能让你信服，那么请看下面的案例：

> 潘新和教授道："写作，不是对于生活的模仿或再现，而是表达自我的独特感受与发现，是生活的生命化与心灵化，是主题的创造。"特级教师陈日亮先生说得更是简洁："依我的看法，中小学作文教学的目标只需两个词概括：表现与表达。"生命律动也好，表现自我也好，都是为了真实写出学生的思想情感，这就叫"表现"。由此可见，中学的写作是实现与人交流的目的，不是引导孩子察言观色地表态。

“由此可见”把这段文字分为两截，前面表示原因，后面表示结果。然而，琢磨一下：前后有必然的因果关系吗？其实没有，这显示出作者学识的浅陋和不自信。因为不自信，所以要拉大旗作虎皮。笔者在开讲座时，恰好陈日亮老师在台下听。课后，他对我说：“把前后颠倒一下，用‘诚如’连接起来就可以了。”

> 美国心理学家吉尔福特认为：“发散思维与创造力有直接关系，它可以使学生思维灵活、思路开阔；而集中式思维具有普遍性、稳定性、持久性的迁移效果，是学生掌握规律性知识的重要思维方式。”因此，学生在思维的发散处合作学习，最易出现精彩局面，由于同学间的相互启发，思维由集中而发散，由发散而集中，于是呈现多彩而生动的探索局面。

请看上述案例中“因此”的前后两截。前面的美国心理学家的观点，竟然直接管到了中国的课堂教学。笔者建议将“因此”前后的两部分互换，删除“因此”二字，用“诚如”连接两部分内容。

第七，问题的提出要适合时宜。

例如，《统编初中语文教材古代诗歌版块重组与传统文化的传承》这篇来稿：

> 统编初中语文教材在编排教材时更多的是顾全包括现代文在内的整个单元的学习主题，因而难免使得古代诗歌的编排难以彰显中华传统文化主题的整体性，以致原先期望的有效利用古代诗歌的学习来增强中华传统文化教育，显得成效不够。比如统编版初中语文教材七年级上册第一单元的主题是“四季美

景”，现代文三篇：《春》（朱自清）、《济南的冬天》（老舍）、《雨的四季》（刘湛秋），古代诗歌四首：《观沧海》（曹操）、《闻王昌龄左迁龙标遥有此寄》（李白）、《次北固山下》（王湾）、《天净沙·秋思》（马致远）。

笔者认为将这样四首诗歌编排在一个单元，不仅与单元主题不符，而且这些诗歌所蕴含的传统文化主题的整体性也不强，以致教师只为教诗歌而教诗歌，常常会忽略引领学生挖掘诗歌情感深层里所蕴含的中华优秀传统文化，而使得在课堂的教与学中不能更好地达到编者预期的目的。

这篇文章的作者手中握着语文学科核心素养之一“文化传承与理解”，利箭在手，胸有成竹，一副“所向披靡”的架势，其实失之偏颇。统编版教材这一单元的教学目标有两段话，第一段是人文目标，此外还有语文要素：“学习本单元，要重视朗读课文，想象文章描绘的情景，领略景物之美；把握好重音和停连，感受汉语声韵之美。还要注意揣摩和品味语言，体会比喻和拟人等修辞手法的表达效果。”而作者只管其一，不顾其二。退一步说，至少这个问题的提出不合时宜。统编版教材刚刚出台，正在大力推行之时，你尚未理解透、把握好，认认真真地实行一回，就要对它进行重构，未免失之草率。

最后，举两个具有问题意识的文章开头。

例如，厦门外国语学校陈容容的《刍议当代儿童绘画的性别刻板印象及建议》：

儿童在他们的艺术创作中这种以简化的二元对立，固守男女性别分际的界线，是教师和家长要去审视的。它对儿童画艺术的消极影响是甚为严重的。

第一，在绘画作品的表现方面：把两性简单化、模式化，并习惯于表现同性，容易形成过于狭隘的艺术观。……儿童把他或她心中的性别刻板印象也加在好友的形象刻画中。……我们看到小作者画了一个与自我性别一样的好朋友（占用了画面大部分空间），在画面右下方的角落画了一个异性的同伴（只占用了很小的空间），而对异性好友的手臂和裤子习惯性地涂上了蓝色和绿色，而同性好友是大面积的粉红和粉紫色调。

第二，在作品的欣赏方面：过于片面的性别认同感和性别刻板印象使儿童观赏自己或他人的画时也按此标准来要求自己，或者以此评价同性或异性的作品，致使原本多姿多彩的儿童艺术世界出现分类别、带标记的狭隘艺术作品。

第三，在作品的评价方面：评价是指主体依据一定的尺度或标准对客体所具有的意义进行的一种评判活动。若教师或学生带有性别刻板印象，在评价所创作的作品时容易以自我的喜好去评判作品的好坏，往往带有性别歧视和偏见，不能尊重个体和差异。[①]

又如，福建省将乐县实验小学廖燕萍的《语文课堂中的另一种精彩朗读》：

驻足课堂，最美的享受莫过于沉浸在对文学作品的朗读了。当学生启用丰富的想象，调动全身的感官，声情并茂地将一段段静止的文字读成一幅幅动人的画面、一首首和谐的乐曲

① 陈容容：《刍议当代儿童绘画的性别刻板印象及建议》，载《艺术家》，2019(12)。

时，文本之意与读者之情自然和谐共振，语文课最大的亮点便得以凸显。但是，仔细倾听课堂的声音，却发现琅琅读书声中问题不少，有时，相比普通学生的朗读，学困生的朗读声音与全班的朗读声音不太协调，甚至格格不入。因此，在提高学生朗读教学过程中，对学困生的朗读指导也不容忽视。①

总之，问题意识非常重要，没有问题意识的教师，怎么能够培养出有问题意识的学生？想要培养学生的批判性思维，教师就要先具有批判性思维。

其实，刊物就是教育教学问题的高峰论坛，笔者希望大家在这里不夹杂私货、不带情绪、不带偏见地发表自己的见解。

第五节　倒叙法

很多来稿被判定为没有问题意识，其实，细究起来，这些来稿只是缺乏一点叙述技巧。

没有叙述技巧，写文章就会从头说起，平铺直叙。请看文章《浅析翻转课堂在高中历史教学中的应用》的框架结构：

1. 翻转课堂概述

1.1 什么是翻转课堂

1.2 翻转课堂的基本特征

一是推进化。

二是高效化。

① 廖燕萍：《语文课堂中的另一种精彩朗读》，载《文理导航(下旬)》，2017(3)。

三是合理化。

四是信息化。

2. 高中历史教学实施翻转课堂的重要性

2.1 适应高考历史改革的需要

2.2 培养学生自学能力的需要

2.3 有利于提高历史课堂的教学效果

3. 翻转课堂中存在的问题

3.1 重难点的讲述偏离教材内容本身

3.2 对教师有较高的能力要求

4. 翻转课堂在历史教学中的实施要点

4.1 微视频的设计

4.2 防止翻转课堂僵化

4.3 防止翻转课堂下学生历史情感的缺失

4.4 防止翻转课堂中对历史教科书的弱化

这篇文章是有问题意识的，只是它藏在了第三个分论点里。笔者认为不应该把它藏着掖着，而应该把它摆到前面来，做到“显山露水”。写论文就像打靶，要先把靶子竖起来，然后围绕靶心攻击。靶心要明确，不能含糊；含含糊糊，打靶时就会心猿意马。比如这篇文章的问题就提了两个，这不好，应该只提一个——你认为最重要的那一个。而应该藏着掖着的是“理论”，这是因为篇首的“什么是翻转课堂”并不是作者发明创造的新概念，而是学习得来的。“概念”“理论”是用来敲打现实的一把锤子，是工具，而工具是用来解决问题的。

又如《基于核心素养的初中数学教改课堂展示的建构与实施》，

这篇来稿的作者来自初中课程改革示范校。该校实施课堂教学改革已十来年，并取得显著成效。

这篇文章和前一篇文章所犯的错误是一样的，就是从头说起，平铺直叙。这种叙述方法毫无新意。我们不必去学高妙的叙述法，只要学一下倒叙法就够用了。这个课程改革示范校的亮点在于翻转课堂，即采取“课堂展示”的方法推动学生进行自主、合作、探究式学习。因此，文章应该把“课堂展示”的内容和方式摆到最前面，然后再介绍这种翻转是非常困难的，必须先进行“七年级学生前期强化培训”“注重数学预习能力的培养”等。

倒叙法把问题、成果、亮点摆到文章的最前面，目的在于激发读者的阅读兴趣；直叙法从头说起，有时会让读者昏昏欲睡。

倒叙法与当下盛行的“以终为始”的教学设计是异曲同工的。这和我国当下大力推行的“项目化学习”不谋而合。这种学习方法也是倒叙法，执果溯因，能大大地激发学生学习的内驱力。①

第六节　结构：递进式

文章开头的问题是否突出太重要了，它直接决定了文章的结

① 本节的论题很大，读者不可不察。关于知识与能力之争，久矣。一般认为，读写能力更多地要靠知识的积累、训练，不太适用于探究学习——尤其是初始阶段。可能某个领域的知识都有其学习的最佳年龄段，过了这个阶段再来学习，难度会增加很多。有些知识看似无用，但这些看似无用的知识有时会有大用，给人带来灵光一闪；倘若没有较为广博的知识，则会思绪枯竭。例如，爱因斯坦酷爱莫扎特的音乐，袁隆平休闲时就拉拉小提琴，丘成桐的古诗词造诣颇深。朱熹在《观书有感》一诗中早已论证了“半亩方塘”与“源头活水”的关系。当然，知识转化为能力不畅的现象也有，由此人们得出“知识无用”的结论，但这显然不足以构成论断。为了预防因知识无用而厌学，我国的课程设置有“学业水平测试”，相当于升学考试，其难度降低了很多，这是每个学段必须掌握的知识和关键能力。有知识不一定有能力；但没有一定量的知识，无法形成能力。

构。有问题意识的文章，结构自然会呈现为递进式，读起来有嚼头；而没有问题意识的文章，结构则呈现为并列式，只是在面上摊开，一望而知，松松软软的，没嚼头。

例如，来稿《新课导入的五种方法》的文章结构：

一、直接导入法

二、回忆导入法

三、观察导入法

四、悬念导入法

五、趣味导入法

不能说这样的文章没有价值，若这是份培训资料，对新入职的教师是很有帮助的。但是，这样的文章不能算是论文，因为它既没有提出问题，又没有深入探讨问题，最后还没有得出结论。它不是商讨式的，而是传授式的。

又如，来稿《刍议高中数学课堂的有效提问》的文章结构：

一、在复习引入环节

二、在概念形成环节

三、在自主学习、探究应用环节

这篇文章把高中数学课堂的有效提问分三个环节进行论述，而这三个环节是分开的，并不是环环相扣的，所以整个文章的结构为并列式。这篇文章其实可以分开写成三篇文章：《刍议高中数学复习课引入的有效提问》《刍议高中数学课堂概念形成的有效提问》《刍议高中数学课堂自主学习、探究应用的有效提问》。这样以小切口来深挖掘，文章的结构就可能呈现为递进式。

概言之，论文作为一种文体，是有固定格式的：提出问题—分析问题—解决问题。

例如，福建省福清元洪高级中学张英的文章：《她为什么讨厌高大、帅气的男生》。[①]

文章首先提出问题：讲述有位女生跑到学校心理咨询室来找作者，向作者询问自己为何开始讨厌高大、帅气的男生。接着，作者帮助这位学生分析问题，从她这学期的校园生活、家庭情况等方面入手分析问题。学生在听完作者的分析之后，恍然大悟。文章最后是解决问题。经过作者的劝导，该学生的问题得到了解决。这是一篇典型的"提出问题—分析问题—解决问题"结构的文章。文章提出问题之后，把主要篇幅用于探讨解决问题的对策，在对策中夹杂对问题的分析。

此外，文章的结构还应该做到纲举而目张，大标题概括所有的小标题，小标题则概括其下的所有段落。

例如，来稿《互文性阅读在语文教学中的意义探究——以史铁生三篇"母爱"散文教学为例》的标题：

一、互文对照，多面碰撞，丰富人物形象

二、互文对照，补白细节，渲染独特情感

三、互文对照，拓展思考，理解深层内涵

① 参见张英：《她为什么讨厌高大、帅气的男生》，载《中小学心理健康教育》，2006(11)。

这篇来稿的题目太大，三个小标题对应不上大标题。我们不能说互文性阅读在语文教学中的意义在于多面碰撞，丰富人物形象，因为有的文章并不写人；不能说互文性阅读在语文教学中的意义在于补白细节，渲染独特情感，因为有的文章没有细节，也不写情感；也不能说互文性阅读在语文教学中的意义在于拓展思考，理解深层内涵，比如说明文的写作就强调平白，不拐弯抹角。

这篇文章修改起来比较困难，不是单单把题目改小就可以了。该文章的主体是文本解读，与题目中的“教学”二字关联不大。文章难改的根源在于文章开头的问题意识不明确，所以结构没有呈现明显的递进关系。

第七节 结尾：开放性

论文的结尾大概有两种形式：收束式和敞开式。

第一种：收束式。使用这种形式的结尾，应当简洁有力，不应拖泥带水。结尾不是对全文的同义反复，而是要突出重点，给读者留下深刻印象。

北京语言大学谢小庆教授的《五诀、七诫、九酌：审辩式论证的思维进阶》一文，提出审辩式论证的思维进阶有三级。初阶是“五决”：延缓判断、事实确认、兼听双方、梳理理由和替代方案。中阶是“七诫”：就事论事和不问动机（加上前面的“五诀”）。高阶有两层：问题澄清和标准约定（加上前面的“七诫”）。文章的结尾是这样写的：

最后总结一下，“论证九酌”是：延缓判断，事实确认，兼

> 听双方，梳理理由，替代方案，就事论事，不问动机，问题澄清，标准约定。从“五诀”到“七诫”再到“九酌”，是审辩式论证逐渐进阶的过程。[①]

这样的结尾，简单明了，起到对读者再次提醒的作用。

我们在文章的结尾惯用“升华”手法，旨在把文章的立意推向更高的一层。笔者在前文说过，研究要立足于点，也要注意由点及面，因此文章的结尾稍作拓展、升华，也是必要的。但是，要注意适可而止，不要无限拔高。

笔者认为更好的结尾方式应该是第二种：敞开式。这是基于论文是为了“研究问题”这个逻辑前提而必然得出的结论。有人曾半开玩笑似的给科学“下定义”：“科学始于迷茫，终于更高的迷茫。”[②]论文亦然。科学探索无止境，所谓真理，都是在特定时空中的真理，所有的一切都要与时俱进。所以，一篇论文要提出问题，再分析问题，最终解决问题，但是，这里的“解决问题”只是暂时的，没有最好，只有更好。要达到“更好”，就必须不断地探寻。这时，辩证思维就发挥作用了。我们不能满足于已有的解决方案，还要从其他方面再想一想。例如，《使用畅言智慧课堂增进高中地理深度学习——以选择性必修 2〈流域内协调发展〉为例》这篇文章的结尾：

> 智慧课堂在使用过程中需要广大一线教师摸索进行提升和改进，笔者在使用过程中的启示有：

---

① 谢小庆：《五诀、七诫、九酌：审辩式论证的思维进阶》，载《福建基础教育研究》，2022(4)。

② 裔式斑编著：《文科物理》，220 页，上海，上海交通大学出版社，2008。

> 第一，智慧课堂是辅助教学的新技术工具，需要学校加强培训，保障地理课堂的流畅性，将畅言课堂的优势发挥最大化。
>
> 第二，学生端要使用新技术如登入，拍照上传，较为费时，导致课堂授课量会较传统课堂少。建议教师提高使用畅言智慧课堂熟练度，精心设置课堂互动环节，打造精品研讨题，提高课堂质量。
>
> 第三，智慧课堂上，教师关注平板电脑教师端，学生关注平板学生端，师生间的情感互动较少。可通过智慧课堂互动点赞等评价功能增强教师与学生的情感交流。教师在设计移动教学策略和学习策略时，多给予学生指导和帮助。
>
> 以高考评价体系为导向，加强地理学科深度教学研究已是全体地理教师的使命。借助畅言智慧课堂开展地理知识先行，学生自主合作学习的创新模式值得推广。在这过程中多关注学生“学”，不断改进教师“教”，以理论指导实践实现教学相长，促进智慧课堂与深度学习融合使用、针对性活用，带来科学合理的应用前景。①

这样的结尾，给人余音袅袅、意犹未尽的感觉。

又如《弹幕技术在地理开放性问题的应用探索——以人教版地理教材“月面环境”一节为例》一文的结尾：

> 弹幕技术可以让学生在课堂中无拘无束地发表自己的观

① 周国红：《使用畅言智慧课堂增进高中地理深度学习——以选择性必修2〈流域内协调发展〉为例》，载《福建基础教育研究》，2022(8)。

点，也可以改变时空，让学生在任何时间和空间内发表自己的观点，教师端都可以看到学生的观点。但无论什么样的应用场景，教师都要对课有更精准的设计，设计好情境材料，设置好问题，更要有强大的课堂管理能力，明确什么时候开始扫描二维码进入讨论，什么时候开始回答问题，什么时候使用清屏、暂停功能。

然而，弹幕技术毕竟是一种技术手段，它的优势是在屏幕上滚动播出，可以充分调动学生的积极性和主动性，充分展现学生思维的一个个火花，但它的观点碎片化，这就迫切需要类似“百度脑图”这样的思维导图软件及时归纳总结共性观点，通过与其它技术手段的搭配使用，可以让课堂的效果得到更大的提升。①

这篇文章在正面论述的基础上，从反面“打补丁”，这样文章整体就完整、圆融了。

多尝试开放式结尾，你的思路会越来越开阔。

第八节　参考文献

编辑审稿不会一开始就从头到尾一个字一个字地看文章，而是先看题目，后看参考文献。参考文献是一个人学术积累、学术视野的体现。“菜鸟”往往就会在参考文献上露出破绽。

由于种种原因，中小学教师对参考文献的重视程度有待提高。这一方面是由于中小学教师的智慧是经验型的、缄默的，另一方面

---

① 郑友强、曾呈进、陈杰：《弹幕技术在地理开放性问题的应用探索——以人教版地理教材“月面环境”一节为例》，载《福建教育学院学报》，2022(5)。

是相关的规范意识尚未建立。《福建基础教育研究》也是近十年来才开始对参考文献重视起来。经过不断的培训，现在编辑与作者都树立了参考文献意识，这项工作已经走上正轨。

我们在推动这项工作时，会遇到老师辩解："我的文章都是原创的，没有参考他人的著作。"然而，人类所有的知识、智慧，确实都是在前人的基础上向前发展的。

请来比较以下两篇文章。《关于初中数学教与学的几点思考》，这篇文章没有列出引用的参考文献。而发表在 2014 年第 8 期《福建基础教育研究》上的《中学男女生对函数概念理解的差异研究》，参考了顾泠沅、首都师范大学朱文芳博士等人的研究成果。有没有参考文献，文章的境界差别很大，大家比较一下两篇文章的题目就可以发现：前者找不到一个关键词，泛泛而谈；而后者有两个关键词——"男女生""概念理解"，做到了"小切口，深挖掘"。其实，关于性别与数学学习的关系的研究成果很多，我国学者傅安球写过两本著作《男女智力差异与教育》《青年性别差异心理学》，苏联心理学家克鲁捷茨基也著有《中小学生数学能力心理学》一书。而这样的学者不计其数，他们组成国际数学教育委员会，该会下设三个学术组织，分别关注大众数学、数学文化、性别与数学教育，而关注性别与数学教育的这一支成立了国际妇女与数学教育组织。

其实，第一篇文章的作者写得也不是太差，从文中可以看出，作者是兢兢业业教书的，也勤于课后反思。但是，仅仅凭自己一个人的反思，其广度与深度是有限的。因此，我们极力倡导学思并重。

参考文献一般有五个要项：作者(责任者)、书名(篇名)、出版社(期刊名)、出版时间(刊期)和页码。如果是译著，还要加上翻译者；如果是析出文献，要加上作品集名称及其主编；如果是网络文献，要添加网址及其发布时间、引用时间。常见的文献引用错误如下。

第一，缺项。

论文应按《信息与文献　参考文献著录规则》(GB/T 7714—2015)进行规范写作。如果参考文献“缺胳膊短腿”，那么拿这样的文章去评职称，会被评委一票否决。例如，如下参考文献便是缺项的。

> [1]教育部．全日制普通高级中学课程计划(试验修订稿)
>
> [2]布卢姆等著．邱渊等译．教育评价[M].
>
> [3]中学化学教学大纲[M].

第二，引文不标注出处。

例如：

> 心理学家认为，思维是智能活动的核心，是所有创意的基础，如果学生没有良好的思维，创意便无从谈起。

古今中外，心理学家如恒河沙数，各有主张，上述案例中说的到底是哪一流派的哪一个心理学家？他这句话是在哪一本书上说的？这本书由哪一个出版社出版？在哪一页？这些要素都要一清二楚地标注出来，不然，写出来的文章便没有任何权威性可言。

又如：

> 教育家罗杰斯认为，教师的态度可以决定教学的成败。教师一个关切的目光、一个会心的微笑、一句恳切的语言，会使

> 学生感到教师的关心和赏识并在心理上产生莫名的愉悦和满足，能最大限度地使学生得到表现和发展。

这位教育家是姓罗的中国人还是外国人？笔者认为是外国人的可能性比较大，那么，他是哪一个国家的，他的书是由谁翻译的，等等，这些要素都要标注清楚。

再如：

> 据统计，目前可观看且适合教学的小学低年级经典影视作品有82部，小学高年级经典影视作品有57部。

这句话的数字精确到个位数，言之凿凿。但是，这些数据是谁统计的？是谁发布的？取样的时间段从何时到何时？取样范围多大(仅指国产片，还是包含引进片)？这些若是没交代清楚，所言便会变成一笔糊涂账。

第三，文献的二次引用。

例如：

> “美国著名数学家波利亚说过，掌握数学就意味着要善于思考善于解题。”[1]
>
> 参考文献：
>
> [1]王秋蓉．基于大数据的初中数学精准教学探讨[J]．中学课程辅导，2018(24)．

这篇文章引用了美国数学家波利亚的话，可是引用的却是王秋蓉发表在《中学课程辅导》上的文献，这是不规范的。既然引用波利亚的话，就要找到波利亚的原著，找出具体的页码；更进一步说，最好找到波利亚的英文原著，不要用中译本。总之，要尽可能减少流通环节。

第四，引用的文献不权威。

例如，有篇论述高中地理新课程改革的文章，其参考文献如下：

[1]戚峰．新课改下高中地理生活化教学初探[J]．中国农村教育，2019(32)：86.

[2]方平，李凤．刍议新课改下高中地理教学提高有效性的理论与实践[J]．学周刊，2019(32)：40.

[3]曹生平，王琼．新课改下如何提高高中地理教学的有效性思考[J]．学周刊，2019(32)：68.

[4]孙婷婷．“问题导学”在高中地理教学中的应用研究[J]．延边教育学院学报，2019(5).

[5]张腊珠．浅谈歌曲填词在高中地理教学中的应用[J]．科学咨询(教育科研)，2019(12).

[6]汪彦林．地理比较法在高中地理教学中的应用策略[J]．教书育人，2019(34).

[7]吴惠珍．素质教育背景下高中地理教学优化策略[J]．西部素质教育，2019(23).

这是一篇地理学科的论文，可是引用的文献竟然没有一条出自权威著作，显得作者阅读视野略窄，可以不客气地说，该作者离踏入本专业的门槛还有一段距离。

第五，引用的文献单一。

例如：

[1]阮昌奇．试论新课改下美术课堂有效教学方法与对策[J]. 现代阅读：教育版，2013(03).

[2]陈小舟．美术教学动态生成资源的开发与利用刍议[J]. 现代阅读：教育版，2013(04).

[3]杨勇．在美术教学中激发学生创新能力的教学策略[J]. 现代阅读：教育版，2013(04).

这是篇美术学科的论文引用的文献，其文献非但不是出自美术期刊的，而且全部来自同一期刊，表明该作者学术视野不宽。一般来说，引用既要有期刊，也要有著作。期刊代表前沿的研究动态，但是厚度不够；而著作对前沿的反应较慢，却如深邃的大海，静水流深。所以引用文献时要二者并重。

第六，引用的文献要“新鲜”。

例如：

[1]黄振余．信息技术新课程教学的文化主题性实施策略[M]. 海南出版社，2006.

[2]王钰彪，刘培．基于翻转课堂的信息技术课实践[J]. 开心素质教育，2015.

[3]付兰敏．基于翻转课堂理念的初中信息技术教学模式的应用研究[D]. 山东师范大学，2014.

这几条文献出自一篇发表于2018年的文章。这几条文献有的是十多年前的，面对日新月异的计算机技术，显然没有与时俱进，已经跟不上时代发展的步伐。

最后，用一个正例结束本节。例如，厦门艺术学校周晓曦的《古诗词鉴赏中的语感培养教学》：

[1]周振甫：《文心雕龙今译》，中华书局，2006年版，第438页。

[2]严羽著，郭绍虞校释：《沧浪诗话校释》，人民文学出版社，1983年版，第26页。

[3]王尚文：《语感：一个理论与实践的热点》，《语文学习》，1993年第3期，第2页。

[4]李海林：《言语教学论》，上海教育出版社，2000年版，第325—326页。

[5][德]叔本华：《作为意志和表象的世界》，商务印书馆，1997年版，第249页。

[6]张蓉：《中国诗学史话——诗学义理识鉴》，西安交通大学出版社，2004年版，第164页。

[7]徐云知：《语感和语感教学研究》，高等教育出版社，2004年版，第243页。①

这篇文章引用的都是名家、名出版社的文献，一看作者读过这么多名家名作，不由让人肃然起敬。

总之，参考文献虽然不属于论文的主体部分，但是很重要，它

① 周晓曦：《古诗词鉴赏中的语感培养教学》，载《文学教育(上)》，2010(1)。

是作者学术功底的集中体现。但是，参考文献并不是越多越好，作为学术积累，就如同家里的钱财，是不可轻易外露的。如果将列举参考文献当作炫耀自己读过哪些书的途径，文章就会显得浅薄了。参考文献是用来在行文中佐证自己的观点，增强论证的说服力；或者是在论证中架设过渡的“桥梁”的。参考文献还可以为后来者留下前进的路标。

最后，笔者将常用的参考文献符号罗列如下：J 指期刊；M 指著作；N 指报纸；S 指标准；D 指学位论文；R 指报告；C 指会议录；G 指汇编；P 指专利；EB/OL 经常连用，前者指电子版公告，后者指联机网络；DB 指数据库；A 指档案；Z 指其他。[①]

第九节　语言：本色与明净

德国哲学家海德格尔说，语言是存在的家。我国春秋时期的叔孙豹说：“大上有立德，其次有立功，其次有立言”[②]。语言，被提升到本体的位置。是你选择了语言，还是语言选择了你？在人们常说的人生之乐中，为什么“他乡遇故知”能与“洞房花烛夜”“金榜题名时”相提并论呢？因为在交通不发达的古代社会，一些远离故土的人，偶遇老朋友，可谓人生一大快事。

语言，是人的第二张脸皮。

但是，这张脸不可涂脂抹粉，而要天生丽质。语言是思维的载体，思维不清晰，语言表达必然混乱。语言要去除杂质。例如，这

① 详尽的参考文献编写规则请遵照《信息与文献　参考文献著录规则》(GB/T 7714—2015)。

② 陈戍国点校：《四书五经》下，1001 页，长沙，岳麓书社，2003。

篇来稿《幼儿品格教育的共生共育——基于家、园、社“三位一体”的视角》，文章题目就存在语病：首先，有“基于……”就不必再用“……的视角”，二者不兼容；其次，不必分为两句话，一句话就可以把意思表达清楚：基于家、园、社“三位一体”的幼儿品格教育。

学术语言是诉诸理性的，而不是诉诸感性的，因而它的特征是“干净”，不求华丽，以求直击事物的本质。例如，《插上阅读的翅膀——创设丰富、有效的幼儿园读写区》，这个题目里的“插上阅读的翅膀”“丰富”“有效”等词在学术话语中属于无效表达；《以“图”为引，巧筑“思”路——浅析思维导图在小学英语课堂中的应用》，应该删去题目中的颇为形象的主标题；《渠清如许？为有活水！——探索构建高效核心素养音乐课的途径》，这个题目中的主标题也没有用。

在学术写作中，排比这种修辞手法是一种应该被弃之不用的手法，因为它的功能在于造势，即以气势来感动人、压服人。作为说理的学术写作，不应如大江大河，席卷而去，而应该如涓涓细流，从方方面面细致周到地辨析，润物无声，让人口服心也服。其实，两千多年前的亚里士多德就已经把二者区分清楚了。《修辞学》的翻译者罗念生先生对此解释道：“修辞术和论辩术的区别在于，修辞术采用连续的讲述方式，论辩术采用问答方式；修辞术面向各种各样的人组成的听众，论辩术面向少数有知识的听者。”[①]有的学者倡导学术写作要做到“零度叙述”，就是完全不带个人情感地进行论说。这是非常不容易达到的，但是应当把它当作一种境界来追求，尽可能地克制自己情感的泛滥。例如：

---

① 徐贲：《明亮的对话——公共说理十八讲》，35 页，北京，中信出版社，2014。

> 如果说王羲之仅仅是书法家，而且是一位专为书法而生的书法家，王羲之泉下有知，估计会认为用这样的雕虫小技去评价他的全部人生几近侮辱，会愤怒地回敬：你才是书法家！你们全家都是书法家！①

这段文字作为杂文来读，给人以辛辣而畅快淋漓的感觉；但是，倘若作为论文来读，简直就像泼妇骂街，只是情绪的发泄，缺乏说理性。由此，笔者得出的结论是：情感犹如调味品，要根据各人(各刊)的口味酌情加入；从“健康饮食”的角度，最好少加或不加。

文字要推敲，要“在汉语中出生入死”②。例如，“从幼儿发展现状出发，通过创设良好的品格教育环境，让幼儿时时刻刻都能够受到品格教育的熏陶，润物无声地发展良好品格”这句话，“受到品格教育的熏陶”与“润物无声地发展良好品格”是同义反复，两个应该删去一个，这样行文才会简洁。例如，口语里经常说“涉及到”，但行文时“到”字要删去。文字，一个就是一个，屹立在那里，只表意给看得懂的人。例如，“他们所感知到的信息往往呈现出碎片化、零散化等特点”这句话中的“到”“出”“等特点”都是赘语，可以删去，变成“他们所感知的信息往往呈现碎片化、零散化”即可。又如，“新课标下高中体育课堂学生运动能力评价实践策略”这个题目中的“新课标”“体育课堂”两个词都可以删去，顺便把“中”“学”两个字也删去，变成“高中生运动能力评价实践策略”，22 个字减为 13 个字，

---

① 范美俊：《王羲之不仅仅是书法家》，载《书法》，2014(3)。

② 参见王尧：《在汉语中出生入死：关于汉语写作的高端访谈》，沈阳，春风文艺出版社，2005。

意思一点儿也没变，多好。在书面表达中，能省下一个字就省下一个字，这才是节省读者阅读时间、尊重读者应有的态度。

什么是好的语言？著名语言学家吕叔湘拈出两个词：本色、明净。“本色”就是要写自己所看见的、所知道的，写自己的思想和感受。不要写我“应当”看见什么，我“应当”知道什么，我“应当”有什么样的思想和感受。如果这样写，就不免弄虚作假，或者套用别人的文章，或者搜索现成的材料。这样写出来的文章就不本色了。“明净”是指文章应该基本上是怎么说就怎么写，不要盲目追求“漂亮”，不要滥用成语，或者用一些自己也不很了解的形容词，或者造些曲曲弯弯的句子，反而把自己弄糊涂了。另一个容易犯的毛病是啰唆，写一堆没有多大用处的内容。写文章也跟用兵一样，不在于多而在于精。[①] 我们写文章时应当把“本色”与“明净”两个词牢记在心。

语言是皮相。想要有一副好皮相，就必须有好里子，也就是对所在学科要有比较透彻的理解。词不能达意，或者语言粗糙，就是心灵荒芜、思想荒疏的体现。

“惟大英雄能本色”[②]，我们不敢妄称自己是“英雄”，但是也不能忸怩作态、言不由衷，总要能我口言我心。

---

① 参见吕叔湘：《本色和明净》，载《语文教学通讯》，2020(17)。

② 网传“惟大英雄能本色”出自《菜根谭》，然笔者遍查乔克的《菜根谭译注》(上海三联书店，2018年)无实据。此语与“是真名士自风流”配对为骈语。“是真名士自风流”出自《红楼梦》第四十九回，史湘云冷笑道：“你知道什么！‘是真名士自风流’，你们都是假清高，最可厌的。我们这会子腥膻大吃大嚼，回来却是锦心绣口。”(人民文学出版社，2000年，第530页)据此标点，此语为引文，就不是曹雪芹原话了。同为清代的文康《儿女英雄传》有“今听如此说来，原来家学渊源，正所谓惟大英雄能本色，是真名士自风流了”句。但曹雪芹生年早于文康。这亦是文学史的一件无头公案。

第三章　学术前沿

一篇 60 分的文章（达到基本的学术规范）能不能发表？严肃地说，是不能发表的。要发表，需要达到 80 分、90 分……（文无第一，武无第二，一篇文章是否达到 100 分，常常是见仁见智的）。

那么，如何才能写出达到 80 分、90 分的文章呢？就是要有学术前沿意识——要知道教育的发展方向，要能与学术前沿对话。

教育的发展方向，基本体现在新的课程方案和课程标准上。课程方案和课程标准是每一位教师案头必备之书。

课程方案和课程标准是顶层设计，而一线教师是“施工员”，能不能建设好教育这座大厦，关键在千千万万的一线教师。教师要善于发现教育教学中的实际问题并对其进行研究。教师研究的问题来自教育教学，研究成果又在教育教学中转化和应用。这个过程不断循环往复，螺旋上升，形成教研文化，从而提升学校教学水平，并成就每一位教师。

本章所列的十个教育教学的学术前沿话题，仅仅是笔者略有体悟、能发表一己之见的话题。实际上，教育教学是一片广阔的海洋，是一个永恒话题。

除本章十个教育教学的学术前沿话题之外，笔者目之所及的还有：教育公平、教育与人口、教育与经济、校园文化、五育并举（五育融合）、英才培养、校本课程开发、劳动教育、职业生涯规划、深度学习、具身认知、性别与认知、学习内驱力、学科实践、学业质量、教学评一体化、先行组织者、教育惩戒等。

信息技术与学科融合也是一个热点问题。笔者收到这方面的文章不少，然而，遗憾的是，这些稿件绝大多数了无新意。一个基本的判断是，无论信息技术如何重要，都是为培养人服务的，为学科教学服务的，是辅助手段，是客体。然而，大多数文章把信息技术当作主体来写，本末倒置了。笔者期待大家不要忽略这个重要的学术前沿。①

前沿是与“后沿”相对的，没有“后沿”哪来的前沿？所谓“后沿”，就是常规、常识。前沿犹如一支矛的锋刃，矛没有长柄作为杠杆，其锋刃是无法发挥作用的；同样，一支没有锋刃的矛，也是没用的矛。这是研究前沿的人经常忽视的一个问题。

第一节　以学为中心

本节是本章与前一章的转捩点。如果教师在这一点上转不过来，就很难在专业发展上跟上时代的潮流。

例如，有一位教师写道：“‘无意注意’指自然发生的、不需任何

① 《中文核心期刊要目总览（2020年版）》把《开放教育研究》《现代远程教育研究》《远程教育杂志》《中国电化教育》《电化教育研究》专列了“G43电化教育类核心期刊表”。这代表了信息技术引领教育发展的时代潮流。信息技术日趋成熟，例如，福州杨桥中学的何斌老师使用某公司开发的教育产品，注意到电子产品可以思维留痕，比如某个学生做数学作业时抄答案，其耗时就较少，没有思考的过程。何老师建议厂家开发一种产品，比如某个学生某道题不会，就为其推送性质相同但难度系数稍降一级的题目，但目前厂家尚无法提供如此个性化的服务。

努力的注意。例如，要讲解一个重点内容，而学生的精力又不太集中时，教师可突然停止讲课或者讲课声音高低快慢有突然变化。又如，使用教具能帮助学生理解一些疑难问题，但若一下子就把教具放在讲台上，就会干扰授课，影响教具使用的效果。教师应把教具先藏起来，不让学生看见，待需要时突然取出，那样学生的印象就会极为深刻。又如板书，教师一般总是由左上角开始到右下角结束，但根据实践经验和心理学原理：常规的东西巩固率低，非常规的东西才能增强记忆。所以，教师在设计板书时，可用一些非常规动作。例如，把一些极为重要的公式、法则写在黑板的特殊位置，使学生产生鲜明的印象。有时板书可以由黑板中央开始，再向四周扩散，能够产生很好的结构系统效果。”这位教师曾经是一位优秀的教师(或者现在仍然是一位教学业绩不错的教师)，但是，不得不说，这不是一位代表时代发展的教师。时代要培养创新型人才，为此我们极力倡导“自主 合作 探究”课堂教学模式，要翻转课堂，以学为中心。

以学为中心是对传统教学模式以教为中心的颠覆。长期以来，我们的课堂教学都是以教师、知识为中心，大家习焉不察。

这种转变非常有必要，却非常艰难。改变习惯是一件很痛苦的事情。比如笔者学习书法，写草书“安”这个字时，习惯性把宝盖头的右边往上甩，后来友人提醒笔者这个写法是不规范的，应该往下甩，笔者改了大半年，还是没有彻底改过来。这么小的一件事，改起来都这么困难，大一点儿的事，困难度就可想而知了。传统教学模式以教师、知识为中心，教师在台上讲一讲，再布置作业练一练，就万事大吉了。可是，负责任的教师会发现，这种教学模式如同一只母鸭带着一群小鸭往前游，游着游着就发现三五只小鸭掉队了，必须返回去一只只捞回来。所以，教师走在前面是不好的教学方式，教师应该走在后面，让学生走在前面。

可是，改变习惯是一件多么不容易的事啊。要改变习惯，首先要改变理念，要阻断代际传递，不能以前教师怎么教我们，我们就怎么教学生。

从以教为中心转变为以学为中心，首先要给教师、知识祛魅。在传统认知上，知识是神秘的，谁知道了某些知识，谁就是某个领域的权威人士。可是，在今天，知识是开放的，有不懂的东西，人们自行查找即可，知识的神秘性、神圣性和魅惑力消解了。面对芜杂的知识，基础教育阶段要夯实核心素养，不能教给学生一些零零碎碎的知识。知识不是依靠灌输获得的，而是建构起来的、个人化的。我们要破除僵化的知识观，重构知识观。

由于知识的祛魅，教师也跟着祛魅。教师不再是绝对的权威，教师的话不再是完全正确的，因为学生获取知识的途径多样化了。越到高年级，教师面临的挑战就越大。

教师还要自我革命，自我祛魅，自我削弱话语权；要自我去中心化，连三尺讲台也要削平，走到学生中间来。

要实现华丽转身，这不是一般的教师干得来的事。例如，1980年出生的李煜晖，2003年至2019年任教于北京师范大学第二附属中学。初上讲台的他，认为好的语文老师是对课文有精深通透的理解，站在讲台上能坦然自信地面对学生，深入浅出地讲，条分缕析地讲，旁征博引地讲，声情并茂地讲，学生听得如痴如醉，醍醐灌顶，欣喜感叹，赞不绝口。当时流行一句话：学生有三怕，一怕文言文，二怕周树人，三怕写作文。这“三怕”恰好是他的“三爱”。他给自己定下要求：古诗文须背诵如流，不可依赖教科书和幻灯片上课；熟读《鲁迅全集》，做好批注，整理与高中课文有关的内容，随时取用；讲作文，必须在10分钟之内构思甚至口述出一篇一类文。为此，他夜以继日地看书、思考。有时讲一篇课文要读几十篇学术论文，讲一篇作文要从十几个角度设计构思。他辛勤付出，收到了许多快乐：探索钻研，对经典课文常读常新，一乐也；侃侃而谈，收获众多“听众”，二乐也；屡“遭”表彰，在很多教学比赛中得了一等奖，虚荣心得到极大满足，三乐也。快乐之后，他就有些“飘飘然”了。直到有一天，他和自己所带的第一届毕业生小聚，一位“得意门生”前来敬酒，并说：“李老师，您的课讲得真好！但我没多少收获。就是因为您讲得太好了！我觉得我们不是学生，好像是您的听众，只要牢牢记住您的结论就行。有时候有问题想问，有时候想跟您辩论辩论，都没机会；有，也说不过您，所以收获不大。”学生的一席话使李煜晖突然警觉：“过去三年，我是不是太‘目中无人’了？当我站在讲台上自我陶醉时，有多少学生的思考被替代了？有多少学生的表达被压抑了？有多少人感觉不好却又不好意思说出来？”带着这样的疑问，他刻意询问了十几名不同班级、不同类型的学生，收到的反馈颇为相似。他惊出一身冷汗！从此，他以知耻近乎勇的决心，进行自我革命。①

以学为中心，首先要为学生营造安全的学习环境。在校园里，物理安全这一点基本没有问题，但是心理安全就很难了，而科任教师要善于营造班级里学生心理安全的学习环境。心理安全的首要条件是平等。“平等”是多么美好的字眼，写在纸上容易，落实下来多么难啊！要解决这个问题，我们可以改变传统秧田式的课桌椅摆放形式，变成如“四人小组”式的合作学习形式。

但是，并不是改变形式就能解决问题。如果没有经过深思熟

---

① 参见李煜晖：《我的语文教育进阶之路》，载《中学语文教学》，2016(11)。

虑、认真学习，贸然改变课堂形态，课堂就会变得一团糟，改还不如不改。

所以，以学为中心的第二个要点是要善于设计具有挑战性的任务。这时，备课就变成一件非常繁重的工作。要对文本做充分的解读，要对学生可能提出来的问题做种种假设，同时要善于抓住主线，不要被细枝末节纠缠。所以，文本解读能力是教师重要的能力。笔者曾经在福州教育学院第四附属小学听过一堂青年教师上的小组合作学习的公开课《跳水》，课上有一个学生提出问题："为什么文章的题目是'跳水'而不是'跳海'？"青年教师接到这个问题之后，并没有回应，也没有组织学生展开讨论。其实，这就是一个很好的主问题，要抓住它不放。因为，对于一篇文章来说，题目就是灵魂。这位青年教师显然是备课时考虑不周。事后，我和该校的赵舒妮老师探讨这个问题，赵老师便找到托尔斯泰这篇文章的英文版，题目是"Dive"，再找到俄文版，原题"прыжок"还是"跳"的意思。这就很有意思了，如果组织学生来讨论中文翻译者为什么要加上"水"字，那么，课堂必定是闹翻了天，但学生在讨论的过程中所获得的信息、启悟也必然非常丰富。这是传统课堂所无法比拟的。这堂课上没有出现这种场景，就在于青年教师经验不足、敏感性不够，没有接住学生抛过来的球。没有设计好具有挑战性的任务，就难以引发学生的高阶思维，无法组织学生进行同伴讨论，课堂生成就丰富不起来。

以学为中心，强调进行追求理解的教学设计，让学生在做中悟。教师不是走在前面引领，而是在后面"从游"。这样的课程改革让教师产生的最大的困惑就是教学进度赶不上，要比传统的讲授式慢很多，再加上教学效果一时难以判断，很多教师便半途而废了。

总之，从“以教为中心”转变为“以学为中心”千难万难，但是，终究有人会以“虽千万人，吾往矣”[①]的勇气前行。福建省南平三中的张荣丽就是这样的一位教师。在上一轮的课程改革中，她听了江山野、余文森、王永、张文质等专家的讲座，颇中心怀，便笃行之，20 多年来一直坚持“小组合作”教学模式，教得轻松愉快，教学业绩又好；福州教育学院附属第四小学的林莘校长，到台湾地区访学期间，观摩了“学习共同体”课堂教学模式之后，毅然决然地改变了自己业已成熟的教学模式，在福州教育学院附属第四小学推行课程改革。当前福州教育学院附属第四小学的“学习共同体”教学改革不能说大获全胜，但是已播下星星之火，可望他日以燎原之势蔓延开来。

在教科研过程中，要避开“以教为中心”的陷阱并不容易。例如，有的教师至今仍然醉心于“问题链”设计的课堂教学。这种教学方式建构在教师自身对教材深入解读的基础上，分解教学内容，然后由浅入深地引导学生去理解文本。问题是，学生的理解基础各不相同，建构过程也各异，教师很难按照严密的逻辑把学生的理解“链”起来，而只能按照学生的不同起点，设计相应的任务，让学生在合作与交流中加以解决。总之，教学活动既要遵循学科的逻辑，更要遵循学生的理解逻辑。教师在学科理解中要嵌入对学生的理解，而不能自己把知识嚼碎了喂给学生。

“以学为中心”的论文写作，要避免过多地批评同行。例如，来稿《让“做”在小学阅读课堂上真正发生》，整篇文章用很大的篇幅来指责教师课堂教学的毛病，说的都是大实话，但是像个“教师爷”在训话。刊物一般不会刊登这样的文章，因为学术期刊是说理的平

① 万丽华、蓝旭译注：《孟子》，56 页，北京，中华书局，2006。

台，不是训话的平台，讲究以心平气和、平等的态度来探讨问题，讲究学术引领，为解决问题而贡献您的智慧和方案。

以学为中心的课程改革非常难，非但在教学一线推行难，在理论界也尚未形成共识。例如，国内教育类权威期刊《教育研究》刊登了《讲授法的合理与合法》[①]，《课程·教材·教法》刊登了《以道驭术：讲授法的坚守与超越》[②]等文章。实践中我也常常感受到坚持启发式教学的困难。例如，我儿子上高中时，我在餐桌上和他交流时，常常不直接把答案告诉他，而试图用问题去引导他，然而却常常被他不耐烦地顶回来："你直接告诉我答案就好了！"反思一下，常常发现是自己的问题设计得有问题；又如，在道德与法治教学中，情境设置为"假如你是一名医务工作者，现在要到灾区抗疫，出发前你想对儿子说些什么"，就不如设置为"假如你是一名医务工作者的儿子(女儿)，现在父亲(母亲)要到灾区抗疫，出发前你想对他(她)说些什么"，人世间，最难的是将心比心、将心换心，要对学生有细致的观察、深入的了解，从而具备学生立场，这种本领不是一两天就能够练成的。《礼记·学记》曰："君子既知教之所由兴，又知教之所由废，然后可以为人师也。故君子之教喻也，道而弗牵，强而弗抑，开而弗达。道而弗牵则和，强而弗抑则易，开而弗达则思。和易以思，可谓善喻矣。"[③]这种高超的教学艺术境界，让很多人望洋兴叹。以学为中心可否往前走一步，要求教师也以学为中心呢？在教学中，教师是从已知到已知，而学生则是从未知到已知，二者的心理状态是大不一样的。如果教师敢于放开，让自己也

① 参见丛立新：《讲授法的合理与合法》，载《教育研究》，2008(7)。

② 李允、李宁宁：《以道驭术：讲授法的坚守与超越》，载《课程·教材·教法》，2021(6)。

③ 陈戍国点校：《四书五经》上，564页，长沙，岳麓书社，2003。

处于未知状态，而不是优哉游哉地袖手旁观，会不会有更好的教学效果呢？比如，语文考试时，教师同学生一起坐在教室里作答，一起写作文；数学考试时，与学生在相同的时间内解压轴题；做实验时，与学生同时着手，看看谁做得更快更好。

信息技术、数据智能在课堂教学中的运用，或许有助于“以学为中心”的确立。例如，面对课堂提问，“抢答器”的使用，就在某种程度上“剥夺”了教师点名提问的权力和偏爱。

以学为中心的教学，最大的困难是教学进度快不了、完不成。所以，需要对教学内容进行重构，以大概念、大单元进行教学内容的重整，以少即多的理念进行教学内容的精简。倾囊而出不是好办法，单凭一腔热情把最多的内容传授给学生，学生也消化不了。再说，单方面地输出，而不去倾听学生的心声，不与学生互动，教师的课堂教学就会越来越僵化。

2019 年 6 月 23 日，中共中央、国务院发布了《关于深化教育教学改革全面提高义务教育质量的意见》，指出“优化教学方式。坚持教学相长，注重启发式、互动式、探究式教学，教师课前要指导学生做好预习，课上要讲清重点难点、知识体系，引导学生主动思考、积极提问、自主探究。融合运用传统与现代技术手段，重视情境教学；探索基于学科的课程综合化教学，开展研究型、项目化、合作式学习”。这是国家对中小学课堂教学的指导，说明传统教学模式到了非改不可的时候了。几千年来，人类通过艰辛探索，积累的知识越来越多，而且简化、抽象化，要把其中最核心、时代最需要的部分传授给学生，最困难的是还原，还原是一个曲折的过程，需要让学生切身地感受、感悟、内化。而研究型、项目化、合作式学习能够促进具身学习——沉浸式学习、既动手又动脑的学习。

当然，面对新授课、复习课、练习课等不同课型，需灵活选择不同的学习方法。以前讲“以教师为指导，以学生为主体”，现在则讲“教师主导—学生主体”，是“双主体”，或者叫“主体间性”。以学为中心不是以学生为中心，一切顺从学生。在中国，教师是立德树人的人民教师，追求的应当是教学相长。

第二节 大概念来袭

忽如一夜春风来，“千师万师‘大概念’开”。自《普通高中课程方案和语文等学科课程标准(2017 年版)》颁布以来，许多专家的文章言必称大概念，一线教师的来稿也纷纷跟风。

什么是大概念？大概念从何而来？奔着什么而去？它有没有适用的边界，边界何在？

“Big idea”有“大概念”“大观念”等诸多译法。而自《普通高中课程方案(2017 年版)》明确强调“以学科大概念为核心，使课程内容结构化，以主题为引领，使课程内容情境化，促进学科核心素养的落实”以来，“Big idea”译为“大概念”遂成定论。王荣生教授认为，“大概念”应该与“核心的概括性知识”交替使用，才不会与“定义”相混淆，产生误会。①

聚集大概念的知识层级结构(图 2②)基本正确，但从“概念”到“学科大概念”不能直接过渡，因为“大概念”是“Big idea”，而不是“concept”。

---

① 参见王荣生：《事实性知识、概括性知识与“大概念”——以语文学科为背景》，《课程·教材·教法》，2020(4)。

② 参见何彩霞：《化学学科核心素养导向的大概念单元教学探讨》，载《化学教学》，2019(11)。

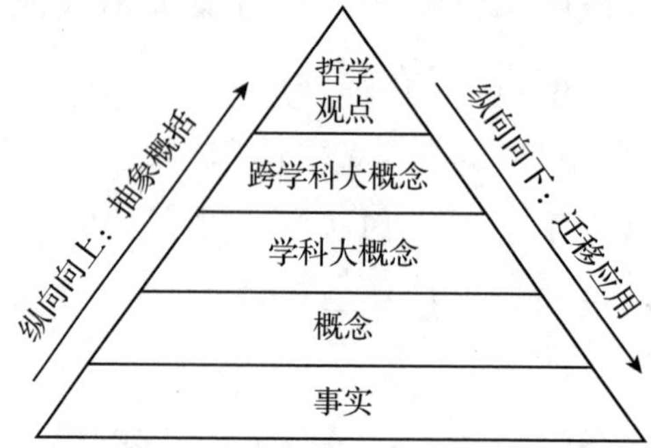

图 2　聚焦大概念的知识层级结构

学界追溯“大概念”的起源，有的认为最早可以在杜威和怀特海等人的论著中找到零星的火花[①]；有的认为肇端于布鲁纳提出的“学科结构”与“核心概念”等教育主张，其后，维金斯、怀特里、麦克泰格、哈伦等人衍其流。[②]

依笔者有限的阅读视野，国内较早提及“大概念”的可能是中国工程院院士、教育部原副部长韦钰。她于 1994 年加入了世界科学联盟理事会(ICSU，现名为“国际科学理事会”)成立的国际科学能力建设委员会(ICSU-CCBS)。进入 21 世纪，她又参与了国际科学院联盟(IAP)组织成立的探究式科学教育专家委员会(IAP-IBSE)的工作。2009 年 10 月，来自墨西哥、智利、中国、加拿大、美国、法国、英国的 10 位专家在苏格兰召开了一次有关探究式科学教育的国际会议，这 10 位专家主要来自探究式科学教育专家委员会。会议探讨的是，在知识爆炸增长、科学技术快速发展的形势下，基础教育的科学教育应该如何进行，如何选择学习内容。会后，《科学教育

① 参见李凯、范敏：《素养时代大概念的生成与表达：理论诠释与行动路径》，载《全球教育展望》，2022(3)。

② 参见樊洁：《普通高中教师如何理解“大概念”?》，载《全球教育展望》，2022(1)。

的原则和大概念》一书出版，该书在国际科学教育界受到了广泛的重视和欢迎。韦钰自2001年开始在国内开展了一些教改实验，并翻译了《科学教育的原则和大概念》一书，于2011年由科学普及出版社出版。①

众所周知，新理念的吸收、消化和传播，是需要一个时间过程的。韦钰于2011年出版该书之际，我国2011年版义务教育的课程标准才正式确立、颁布，所以，"大概念"在上一轮课程改革中并未流传开来，直到2017年普通高中课程标准提出"核心素养"之后，"大概念"才流行起来。

1997年，经济合作与发展组织首先启动了"素养的界定与遴选"项目，随后，欧盟、联合国教科文组织、美国、日本、新加坡等15

---

① 《科学教育的原则和大概念》提出的支撑教育科学的基本原则：

1. 在义务教育的所有年级，学校都应该设置科学教育项目，以系统地发展和持续保持学习者对周围世界的好奇心，对科学活动的热爱以及对如何阐明自然现象的理解。

2. 科学教育的主要目的应该是使每个人能够参与有依据的决策和采取适当的行为，这对保证他们个人、社会以及环境的健康和协调发展是重要的。

3. 科学教育具有多方面的目标，科学教育应该致力于：理解一些科学上有关的大概念，包括科学概念以及关于科学本身和科学在社会中所起作用的概念；收集和运用实证的科学能力；科学态度。

4. 基于对概念的审慎分析以及基于当前对学习是如何发生的有关研究和理解，应该给出为了达到科学教育各个方面目标的清晰进程，指出在不同阶段需要掌握的概念。

5. 应该从学生感兴趣并与他们生活相关的课题开始，逐步进展到掌握大概念。

6. 学习的经验应该明晰地反映出既包含科学知识，也包含科学探究的理念，并且符合当前科学和教育方面的见解。

7. 所有科学课程的活动都应该致力于深化学生对科学概念的理解，同时应该考虑其他可能的目标。例如，科学态度和能力的培养。

8. 为学生设置的学习项目以及教师的职前教育和专业发展，都应该与为达到原则3中所设置目标需要的教与学的方法保持一致。

9. 评测在科学教育中具有关键的作用。无论是对学生学习过程的形成性评测，还是对学生学习进展的总结性评测，都必须考虑到所有的学习目标。

10. 为了达到科学教育的目标，学校的科学项目应该促进教师之间的合作，并需要社会其他力量包括科学家的参与。

个国际组织和国家纷纷建构了基于自身价值取向和服务目的的核心素养、核心技能等框架与体系。2013 年 5 月，教育部委托北京师范大学林崇德教授领衔 5 所高校 90 余名研究人员组成联合攻关项目组，共同研究中国学生发展的核心素养体系。项目组比较了各国际组织和国家建构核心素养的背景、研究程序、内容体系与实施途径，经过 3 年多的努力，于 2016 年 9 月 13 日召开中国学生发展核心素养成果新闻发布会，公布了包括 3 大领域 6 种素养 18 个要点的中国学生发展核心素养。这个研究成果为 2017 年版普通高中课程标准吸收，成为教育教学的指南。

“核心素养”“大概念”是随着经济全球化、信息化与知识时代的来临而出现的。人类的早期知识稀缺，“劳心者治人”，因此知识是“力量”，是“权威”，而现在人类的知识变得丰富而且容易获取，所以要在中小学教育中进行遴选，以在有限的课时内获得教学成效的最大化。教材是课程标准的具体化，但是有时无法将编写者的意图充分表达，因此需要施教者灵活地运用。教师不能按部就班，完完全全按照教材安排的进度施教，而应该像个专家，对本学科、跨学科直至整个学校教育有个全面的、结构化的了解，这样教给学生的才不是一个个琐碎的知识点，而是在统观全局的基础上的完整的知识点。所以，课堂教学不应是一节节互不相关的课，而是板块状的单元教学。名师都是对学科有结构化理解的高人，如“著名教育家马芯兰老师早在 1977 年的课改中就把现行小学数学教材中的重点、难点、共同点和不同点按照知识的内在联系及规律进行组合，将 540 多个概念归纳成十几个一般基本概念及‘和、差、倍、分’四个重点基本概念，将十一类应用题总结成四个基本类型，组合成教学的中心环节，从纵和横两个方面重新调整，并组合成新的知识结构。孙维刚老师在1980年就提出了‘孙维刚结构教学法’。华东师范大学叶澜教授领衔的‘新基础教育’研究创生了‘教结构——用结构’教学策略”①。

没有大概念，思维会趋于零碎化。例如，来稿《在互文对照中解读史铁生笔下的“母爱”》的题目就比较奇怪：“互文对照”是手段，而“解读史铁生笔下的‘母爱’”则为目的，那么，为什么要把“解读史铁生笔下的‘母爱’”作为教学目的呢？这显然缺乏形而上的思考，缺乏大概念。再看其小标题“一、母爱是忘我的付出”“二、母爱是隐忍的陪伴”“三、母爱是无以回报的遗憾”“四、母爱是穿越时空的希望”，都是纯粹的感性思维，写得像诗一样，没有进入抽象概括的层面。

大概念作为发展核心素养的方法和手段，要求人们“像专家一样思考”，要有结构化的视野和思维。然而，“只见树木，不见森林”的批评说得轻巧做起来谈何容易，倘若不越过一道道山岗，不涉过一条条溪涧，不摸过一棵棵树木，怎么可能有整片森林的概念？如同没有当过教师、班主任、学校中层干部乃至副校长，直接由上级任命为校长，怎么可能把一所学校管理好、带领好？所以说，结构化视野显然不是直接要求学生，而是要求教师。教师要比较熟悉地掌握知识点，还要跳脱出来，才可能有整体观；然后，在整体观的引领下，进行单个知识点的教学设计，以一个或若干主问题串联课堂，让学生在做中学、悟中学。这大概就是所谓“深度学习”，“深度学习”不是只流于识记的浅表的学，学生学到的是知识结构化的理。30年前，笔者学习“报告文学”写作，写劳模的先进事

① 孙敏：《结构·素养——基于核心素养提升的结构教学研究》，36页，福州，福建教育出版社，2020。

迹时就懂得，劳模的荣誉表彰很重要，但是写文章不能是一个个荣誉称号的堆叠，而应该写劳模的先进事迹，更重要的是写出先进事迹背后的精神。

在传统课堂里，学生学到的很多知识，在毕业后就“还给老师了”，这是因为学生学的是“惰性知识”。惰性知识很难在单元与单元之间迁移，很难在学科与学科之间迁移，更难在学校教育与现实世界之间迁移，只是在某节课、某个单元、某个学科里“顽固”地待着。这导致课堂知识与现实生活之间存在着一道巨大的鸿沟，人们很难用课堂知识去解决现实生活中的问题。一个堆积了大量惰性知识的人，不能说具有素养。素养指向真实性，指向解决现实生活中的问题，要求人们在具体的情境中主动调动相关知识、技能去创造性地解决问题。学校教育要培养的是学生进行正确决策的能力。今天，全世界都强调为素养而教，几乎所有的国家都制定了自己的核心素养或关键能力框架。我们要千方百计激活这些惰性知识，教给学生带得走的东西。要达成这个教学目标，就要善于进行情境化教学设计，帮助学生发现知识之间的联系，学会解释和分析与个人、与社会关切有关的问题，并找到解决问题的办法。

真实任务情境的教学设计很难，其一是容易失真。例如，有一个高中思想政治课的教师在教“经济生活”时，让家长在周末时给孩子 100 元让其去菜市场买菜，以感受市场的物价。其实，孩子不是家庭经济的责任主体，他很难感受到 100 元对于自己的家庭意味着什么；此外，他只是临时去一趟菜市场，感受不到物价的“同比”与“环比”。其二是设置真实任务情境之后，教学进度推进得很慢，课时不足。这时，就需要启动少即多的大概念思维。要以大概念进行逆向教学设计，以大概念统摄零零碎碎的知识点，不然就会手忙脚乱，一地鸡毛。

大概念好比“魔术贴”，把事实和技能粘在一起，使之牢牢地刻在学生的脑海里。那么，在具体的学科里，都有哪些大概念呢？以科学教育为例，哈伦等人提出 14 个科学大概念①。（表 1）

表 1　哈伦等人提出的 14 个科学大概念

A. 科学概念	1. 宇宙中所有的物质都是由很小的微粒构成的。 2. 物体可以对一定距离以外的其他物体产生作用。 3. 改变一个物体的运动状态需要有净力作用于其上。 4. 当事物发生变化或被改变时，会发生能量的转化，但是在宇宙中能量的总量总是不变的。 5. 地球的构造和它的大气圈以及在其中发生的过程，影响着地球表面的状况和气候。 6. 宇宙中存在着数量极大的星系，太阳系只是其中一个星系——银河系中很小的一部分。 7. 生物体是由细胞组成的。 8. 生物需要能量和营养物质，为此它们经常需要依赖其他生物或与其他生物竞争。 9. 生物体的遗传信息会一代代地传递下去。 10. 生物的多样性、存活和灭绝都是进化的结果。
B. 关于科学的概念	11. 科学认为每一种现象都具有一个或多个原因。 12. 科学上给出的解释、理论和模型都是在特定的时期内与事实最为吻合的。 13. 科学发现的知识可以用于开发技术和产品，为人类服务。 14. 科学的应用经常会对伦理、社会、经济和政治产生影响。

① 参见[英]温·哈伦编著：《科学教育的原则和大概念》，韦钰译，23～26 页，北京，科学普及出版社，2011。

以语文写作教学为例，西南大学的博士生导师荣维东教授等人提出如下几个大概念：写作要符合交际语境；写作是一个反复的过程；写作的语篇类型多样；写作和思维关系密切；写作策略教学很有必要；听说读写互惠，阅读是写作的基础。①

以数学教学为例，美国 NCTM 课程标准提出 10 个大概念：过程方面是问题解决，推理与证明，交流，联系，表征；领域方面是数与运算，代数，几何，测量，数据分析与概率。美国 2061 计划提出 5 个大概念：概念理解，即理解数学概念、运算及关系；流畅的运算能力，即灵活地、准确地、有效地及适当地实施数学程序；选择策略的能力，即能形成、表征及解决数学问题；适当的推理能力，即逻辑思维、反思、解释及辩证的能力；数学的鉴赏力，即相信数学是合理的、有用的和有价值的。荷兰“现实的数学”的相关研究则提出 4 个大概念：变化与增长，空间与图形，定量推理，不确定性。丹麦的 KOM 项目的大概念有 8 个：数学思维，问题处理，建模，推理，设备与工具，交流，符号与形式化，表征。

其他学科也有学者在不断地研发大概念，大家应该密切关注各个主要基础教育类学术期刊的动态。

大概念来袭，势不可当。王荣生教授说：

> 语文学科向来是我国基础教育课程与教学教改的急先锋。以“大概念”组织单元(阅读教学单元)在语文教学界目前有一股风云乍起之势。笔者经认真学习并初步尝试，对以“大概念”组织单元持高度认同态度。但无论是埃里克森和兰宁提倡的“以

① 参见唐玖江、荣维东：《写作教学大概念：内涵、价值与内容》，载《福建基础教育研究》，2022(4)。

概念为本的课程与教学”，还是威金斯和麦克泰提倡的“追求理解的教学设计”，包括琳达·达林-哈蒙德等人的各自倡导，笔者都建议“缓行”。建议先在小范围消化、试验。毕竟那是别人的国土里长出来的别人的主张，若没有充分理解、没有在中国本土教育教学条件下的先行试验，就急吼吼地充当热情的推销员，我看办坏事的可能性很大。先要把“理”弄个明白、说得清楚，然后再善始善行，行正方能走远。另外，课文教学是我国语文教学长期实施的教学模式和教学方法。对课文教学的利弊得失，需要认真总结经验教训。是否要一概改为单元教学(日本的语文教学就是以单篇课文为主，一篇课文一般12—16课时)？如何在单元教学格局下处理单篇课文教学？小学低段与中高段、小学与初中、初中与高中，是否该有分别？如何分别？这些问题，都需要谨慎研究。无论如何，以单篇课文为基本单位进行课文教学，在可预见的将来，将依然是我国语文教学的主要模式和教学方法。语文课程与教学改革只能是在本土经验的基础上前进。[①]

王荣生教授的博士论文《语文科课程论建构》被誉为“语文课程论的奠基之作”，他提出的“定篇、例文、样本、用件”8个字在语文教育界具有重大影响。这么一位权威学者，说出“经认真学习并初步尝试，对以‘大概念’组织单元持高度认同态度”这句话是非常不容易的。虽然他后面又说了一大段持保留意见的话，但是对“大概念来袭”的认同态度已表露无遗。笔者追踪到，王荣生教授其后在

① 王荣生：《事实性知识、概括性知识与“大概念”——以语文学科为背景》，载《课程·教材·教法》，2020(4)。

《中国教育学刊》2020年第7期上发表了《阅读策略与阅读方法》，在《课程·教材·教法》2021年第7期上与他人合作发表了《过程技能与“大概念”——以语文学科为背景》，在《语文建设》2021年第21期上发表了《程序性文本的操作性阅读》等文章，都是对大概念引领下的整本书阅读、群文阅读的积极呼应。

王荣生教授肯定不会忘记自己说过的话：“毕竟那是别人的国土里长出来的别人的主张，若没有充分理解、没有在中国本土教育教学条件下的先行试验，就急吼吼地充当热情的推销员，我看办坏事的可能性很大。”无论是语文还是其他学科的课程与教学改革，只能在本土经验的基础上前进。大概念很重要，但是想找到捷径进行结构化的整体把握，并不是一件容易的事。一个学科大概念的获得，有时是一个缓慢的过程，需要学生在教师的引导下进行探究式学习和反思后才能获得。

由于现代社会知识呈几何级数增长，要让中小学生在有限的时间内掌握所学知识，是不可能的，因此我们亟须对教学内容进行遴选，以便为学生的终身发展打下坚实的基础。而到了高等教育，到了科学前沿探索，就进入另一种范式了。因为科学前沿探索旨在改造世界，是面向未知世界的，有些时候是孤独地进入无人之境，所以常常空手而回。人类历史上的哪一次伟大发现，不是经历了几十几百几千次的试错？

第三节　作业设计

2021年7月，中共中央办公厅、国务院办公厅印发《关于进一步减轻义务教育阶段学生作业负担和校外培训负担的意见》。教育界人士积极响应国家号召，积极撰写"基于'双减'的作业设计"之类的文章。

作业是课堂教学的重要组成部分和合理延伸，是教学反馈的主要渠道，不容忽视。因材施教的作业设计是一项艰难的任务，很多教师力不能及，往往采用现成的配套练习。中国人民大学书报资料中心基础教育期刊社早在2017年就发现了这个问题，并发布了相关选题指南，大致内容如下：

> 花费教师最多时间的环节是作业批改，但是教师在作业设计、作业统计与分析等环节上花费的时间相对最少。作业缺乏针对性；低水平的机械重复类作业比例过高，作业类型极其单一，基本都以书面作业为主，有少部分口头作业和合作型、实践型作业，开放型作业匮乏，作业的结构缺乏整体设计，系统性不够。学生作业量大、作业时间长、作业效果不佳的原因，归根结底在于教师自身缺乏设计作业的能力，甚至缺乏判断和选择作业的能力。

这个"指南"直面现实，痛下针砭，但把作业问题归因于教师，可能失之偏颇。福建省三明一中郑为勤老师的分析更全面：

> 学生层面：优秀生自己给自己施压，迷信"题海战术"，自行购买课辅教参，给自己增加练习的量；而后进生则由于基础知识不牢固，磨蹭拖拉等不良作业习惯，导致需要翻倍的时间去完成作业。
>
> 教师层面：个别教师教学观念滞后，误认为数学作业布置

越多，学生成绩就越高。同时，在备课过程中，投入用于思考作业设置的时间很少，简单使用配套练习，加之有的学校缺乏统筹与监督，导致各科任之间竞争，通过作业量争取学生的学习时间。

家长层面：在现实的中考压力面前，部分家长也信服于数学要“多做多练”，对“减负”心存担忧，家长支持孩子额外选购辅导书。笔者班级就有这样的情况。家长质疑孩子作业是否独立完成，因而另辟悉〔蹊〕径，通过额外单独选购辅导书，以为能防止孩子抄袭他人答案。①

由于各方力量的介入、纠缠，学生的课业负担越来越重。而作为学校教育的主导方，教师理所当然要在教学的减负提质上有所作为，增强自身作业设计的能力，发挥集备组的力量合作开发校本作业；同时加强对学生、家长的指导。

课堂教学要变革，作业设计也应该根据课程改革理念进行变革。笔者发现有位小学语文教师就设计出了很好的作业：

例 1：

把下面的句子抄写在书签里，要写得正确、美观，可设计成一幅书法作品。

盛年不重来，

一日难再晨。

及时当勉励，

① 郑为勤：《初中数学作业减负策略：抓分层，依序落实》，载《福建基础教育研究》，2021(11)。

岁月不待人。

例 2：

春节将至，请把这副对联工整美观地书写在右侧正确的位置上。

上联：春雨丝丝润万物

下联：红梅点点绣千山

横批：春意盎然

例 3：

阅读下面的外包装资料，完成题目。

食品名称	净含量	生产日期	保质期	食用方法及贮存方法
海苔	50 克	2015 年 12 月 3 日	12 个月	开封后直接食用，请避免高温、潮湿及阳光直射

配料表：紫菜、白砂糖、食盐、生姜、酱油

产地：福建省厦门市

友情提示：干燥剂请勿食用

1. 判断正误。

A. 这包海苔必须加热后才能食用。（　　）

B. 海苔不能放在阳光直射的地方。（　　）

C. 这袋海苔的保质期到 2015 年 12 月 3 日。（　　）

2. 小鹏的阿姨患有糖尿病。小鹏请阿姨和自己一起吃海苔，阿姨看了看外包装资料，接下来可能对小鹏说些什么？

例 4：

今天是张力的爷爷 70 岁生日，但张力要参加考试，不能到爷爷家去，他想用手机发一则短信向爷爷祝寿。请你帮张力编辑一则短信，短信中要用上一副恰当的对联，或者一句恰当的名言、俗语、歇后语等。

例 5：

清早，妈妈要出门的小花带伞，小花嫌麻烦不带，妈妈指着天上的朝霞说：“________________，________________。”（写一条谚语）

例 6：

仿写句子。

如果我是阳光，我将照亮所有的黑暗；如果我是清风，我将________________；如果我是________________，我将________________。

例 7：

第 25 届世界技巧锦标赛的吉祥物是阿海和阿荔，请你按自己的理解描述这两个吉祥物的寓意。（阿海原型——海浪；阿荔原型——荔枝）

例 8：

为学校设计校标，并写出设计理念。①

---

① 选自林晓静：《核心素养下小学语文命题走向》，载《福建基础教育研究》，2016（12）。略有调整。

这些题目的设计者是莆田市荔城区梅峰小学的林晓静老师。2017 年 11 月 17 日，笔者到集美大学给福建省“十三五”小学语文学科带头人上课时，就引用了这些案例，予以高度赞赏，课后还和她本人打过照面。没想到，2018 年 12 月，林晓静患重感冒，病未痊愈就赴北京参加名师工作室的培训，回到莆田后仍带病坚持工作，一直忙到 2018 年 1 月 21 日，她再也支撑不住了，当日下午就被送进医院抢救，但由于患病之初没有及时治疗，导致病情急剧恶化，终因抢救无效于 1 月 23 日去世，年仅 45 岁。林晓静出生于 1974 年，自参加工作以来，20 多年如一日，把精力都奉献给教育事业，并成长为省优秀青年教师、省骨干教师、省学科带头人，她是莆田市名师工作室领衔名师、市优秀人才、区劳模等。[①] 斯人已逝，其文永垂。她设计的这些作业，今天看来依然是经典的。

当前的作业设计存在的主要问题是：忽视学生的年龄特征和心智发展水平，导致作业内容与学生现有的实际能力水平不切合；无视学情的差异性，作业设计缺乏层次性和个性化，导致作业难度与不同层次学生的学习能力不匹配；作业功能把握不到位，没有给予学生自主选择作业的权利，导致学生疲于被动地、僵化地完成作业，缺乏完成作业的主动性和积极性；作业被异化为课后提高分数的重要手段，仅采用单一的以考试题型为范本的书面作业形式，其功利性阻碍了学生多元智能的发展。[②]

这些问题要尽量避免。这说起来容易，做起来难，需要教师下力气钻研。

---

① 参见朱崇飞：《一片丹心育英才——追记荔城区梅峰小学教师林晓静》，载《湄洲日报》，2019-01-31。

② 参见程樟木、杨丽霞：《“双减”背景下初中英语作业设计原则与实践》，载《福建基础教育研究》，2021(11)。

第四节　考试(测评)研究

西方考试制度的建立比中国晚得多，古代波兰大学法学考试在1219年开始运用口试。1599年耶稣会颁布了笔试条例，但只是在中学实行。1787年，普鲁士毕业考试是论文式的作业考试。法国于1791年参照我国科举制度建立了自己的文官考试制度。[①] 中国从隋朝开始，历经近1300年的科举制，被厦门大学刘海峰教授称为中国的"第五大发明"。[②] 其实还可以往前追溯至战国晚期，我国古代最早的关于教育、教学活动的专论《学记》就有关于考试制度的论述："比年入学，中年考校"，"一年，视离经辨志。三年，视敬业乐群。五年，视博习亲师。七年，视论学取友，谓之小成。九年，知类通达，强立而不反，谓之大成"。[③] 考试结果是教师教学质量的体现。总之，我国具有深厚的考试文化传统。

若整个社会被分数绑架，那教师也就不得不大讲特讲应试技巧了。这会形成只要能拿分，什么招儿都使出来，不讲"武德"的社会氛围。但是我们也不能无视社会现实和历史传统，不应忽视对考试的研究。我们的考试研究以《中国高考评价体系》提出的"一核""四层""四翼"为指针。"一核"是高考的核心功能，即"立德树人、服务选才、引导教学"；"四层"为高考的考查内容，即"核心价值、学科素养、关键能力、必备知识"；"四翼"为高考的考查要求，即"基础性、综合性、应用性、创新性"。

---

① 参见戴忠恒编著：《心理与教育测量》，1页，上海，华东师范大学出版社，1987。

② 参见刘海峰：《科举制——中国的"第五大发明"》，载《探索与争鸣》，1995(8)。

③ 陈成国点校：《四书五经》上，563页，长沙，岳麓书社，2003。

我们强调从信度和效度方面来研究试卷，而反对从应试技巧方面来研究，如《高考历史全国卷选择题备考策略》《提升初三思想品德复习质量的措施探讨》等。这两篇文章在校本教研或者县域教研中，都有很强的工作指导意义。但是，拿到刊物上发表，就值得斟酌了。而如北京教育考试院张雪莉的《强化能力考查，关注思维品质——以北京市道德与法治学科中考试题为例》，福建省泉州市第六中学黄培兰的《以学生为主导的问题驱动式高三历史复习》，江苏省华罗庚中学汪美良、许春凤的《二轮复习应关注动态的时间“曲线”——基于2019年全国卷Ⅰ第41题的分析》，四川省成都树德中学韩海林的《基于核心概念的教学策略——以希腊民主制度复习教学为例》，福建省同安第一中学邵水平的《高考英语全国卷Ⅰ批判性阅读能力测试评析》，福建省石狮市永宁中学陈美华、周大明的《指导英语“准差生”弯道逆袭的成功秘诀：文本＋人本》，福州教育研究院肖永琴的《以中考评价促物理思维教学改进——2017年福建中考物理第33题的启示》，福建省泉州市第七中学吴晓宁的《中考改革背景下的历史活动课教学思考》，福建省泉州市第七中学陈昊萍的《情境素材在化学一轮习题命制中的应用例析》；福建省泉州市鲤城区第三中心小学施燕媚的《博约有致　考评有法——小学语文高年级阅读纸笔测试的有效评价》，福建省泉州市第二中心小学刘春红的《改革命题评价，促进“教·学·评”一体化》等文章，就具有同行交流的意义。

当前的考试研究极力反对用纸笔的形式进行标准化测试，因为世界上的很多问题并没有标准答案，因此应加大主观题的分量。然而，主观题如何科学赋分，是一个难点。为此，我们引入了SOLO分类理论。这一理论源头可以追溯到皮亚杰的发展阶段学说，香港大学教育心理学教授比格斯加以发展、创新。“SOLO”是 Structure of the Observed Learning Outcome 的缩写，译为“可观察到的学习成果结构”。它把学生的思维水平按照由低到高的次序设置 5 个层次：前结构水平、单点结构水平、多点结构水平、关联结构水平和抽象拓展结构水平。① 前三种思维水平属于量的积累，而后两种思维水平属于质的飞跃。思维分类结构是一个由简单到复杂的层次类型，具体说来就是从点、线、面到立体再到系统的发展过程，思维结构越复杂，思维能力的层次也就越高。当前各学科的课程标准都借鉴了 SOLO 分类理论，比如，《普通高中地理课程标准(2017 年版 2020 年修订)》中地理综合思维的 4 个水平层次与 SOLO 分类理论的思维结构分层就呈现对应关系。SOLO 分类理论的焦点集中在学生回答问题的“质”，而不是回答问题的“量”，针对“质”的评价与针对“量”的评价大有区别。SOLO 分类理论不仅适用于考试评价，也适用于作业设计。还有人认为可适用于课堂教学：SOLO 分类理论能够用来判断学生现有的发展水平，并确定教学的目标发展水平，而这两者之间的差距正是维果茨基所说的最近发展区，也就是说，SOLO 分类理论通过对现有反应水平和目标水平的判断，将维果茨基的最近发展区的概念具体化了，正是这一特点，使 SOLO 分类理论成为一种帮助我们在课堂教学中实现学生的最近发展区的非常实用的工具。② 按照 SOLO 分类理论的不同层次，教师在教学设计中用层层递进的方式引导学生学习思维方法，使学生对于未认知的知

---

① 参见[澳]约翰·B. 彼格斯、[澳]凯文·F. 科利斯：《学习质量评价：SOLO 分类理论(可观察的学习成果结构)》，高凌飚、张洪岩主译，27～28 页，北京，人民教育出版社，2010。

② 参见蔡永红：《SOLO 分类理论及其在教学中的应用》，载《教师教育研究》，2006(1)。

识从前结构状态，慢慢进入单点结构、多点结构、关联结构、抽象扩展结构，实现学生学习能力从量变到质变的转变。[①] 然而，教学过程是否就是如此条分缕析的过程，值得商榷，“因为心理学的一条难以动摇的原理就是，甚至最复杂的心智过程也几乎可以不用或根本不用有意识的努力来进行学习”[②]。也就是说，人类除有需要耗时的逻辑思维、辩证思维等外，还有几乎不用耗时的直觉思维。

除国内的考试之外，我们还关注过一些国际性测评，其一是国际学生评估项目(Programme for International Student Assessment, PISA)。这是由经济合作与发展组织组织的国际性教育成果比较，它以纸笔测验的形式，测量即将完成义务教育的平均年龄为15岁的学生的阅读能力、数学能力和科学能力，还用问卷的形式测查学生的学习动机和学习态度，以此形成对学生学习能力的总评估，从而了解学生是否具备未来生活所需的知识和技能；该调查同时关注教育整体环境以及教育公平等方面。PISA在2000年首次举行，参与国家或地区的数量达32个，参与学生人数约20万。之后每三年举行一次，每次评估的侧重点有所不同。2009年上海代表中国首次参与PISA测评，并蝉联两届冠军，以上海为代表的中国教育体系一举成名，以致美国、英国和澳大利亚在进行国内教育改革时提出有必要向“东看”。例如，自2013年起，英国教育部通过“中国数学与科学国际计划”，派遣当地数学和理科教师到上海进行短期培训，上海派出数学教师到英国任教，中国教辅书走进英国课堂，英国课堂开始学习上海教育系统的做法与经验。在2018年的测试中，由北

① 参见范爱玉：《SOLO分类理论促进高中学生化学认知发展的实践——以高三物质性质探究实验专题复习为例》，载《福建基础教育研究》，2019(2)。

② ［美］罗伯特·J. 马扎诺、［美］约翰·S. 肯德尔：《教育目标的新分类学》，高凌飚、吴有昌、苏峻主译，10页，北京，教育科学出版社，2012。

京、上海、江苏、浙江组成的中国队伍在PISA测试中的三门都以超过第二名很多的优势摘下桂冠。为此，《中国教育学刊》在2020年第1期，组织了一组稿件对此进行深入探讨。有些一线教师也能具有国际视野，关注PISA，加以研究、实践，如福建省厦门市同安区后坂小学洪素端、福建省连江县第三实验小学刘仁增、福建省武平县第三中学刘荣添、福建省厦门市海沧区教师进修学校邱宗如等人[①]，都有相关的文章发表。

第二项国际测评是国际阅读素养进步研究(Progress in International Reading Literacy Study，PIRLS)，它是由国际教育成就评价协会(IEA)主持的国际上大规模地对学生的阅读素养进行评价的比较研究。IEA成立于1958年，总部设在荷兰阿姆斯特丹，是世界各国与教育相关的政府部门、教育研究机构或大学的联合会。20世纪末，IEA开始启动PIRLS大型评估项目，对学生阅读水平的现状和发展趋势进行监测，其目标是为"改善教与学、帮助学生成为一位有能力的阅读者"提供最佳的政策相关信息。PIRLS从2001年开始，共有35个国家参与正式测试。评估对象为四年级(9～10岁)学生，因为9～10岁是儿童阅读能力发展的一个重要转折期。PIRLS对"阅读素养"进行了界定："根据社会需求或(和)本人喜好，理解与应用书面语言的能力。少儿读者可从各类文本中建构意义，并能

① 洪素端：《多管齐下，促进学生阅读素养的提升——浅谈小学语文高年级学生PISA阅读素养培养策略》，载《语文教学与研究》，2020(4)；刘仁增：《基于PISA视角的小学语文统编教材练习系统探析》，载《基础教育课程》，2019(19)；刘荣添：《利用群文阅读有效提高学生阅读参与度》，载《中小学教材教学》，2018(12)；邱宗如：《基于PISA试题谈课堂教学的有效追问》，载《中国数学教育》，2017(19)。

成为通过阅读而学习、参与阅读群体交流以及由此获得快乐的读者。”[①]评估重点是学生的阅读素养，同时关注学生在学校和家庭的阅读环境；阅读能力的评估必须以真实的阅读材料为基础；试卷的设计必须具有连贯性，可以测试学生阅读素养的发展趋势；调查问卷发放给被测学生、语文教师和小学校长，用来收集影响学生阅读水平的相关因素。2021 年，PIRLS 迎来了第五个评价周期。在保持阅读素养评价理念和框架结构稳定不变的前提下，PIRLS2021 呈现迈向更加数字化的评价方式、测试文本的类型更为多样、背景问卷的内容结构更加优化、采用群体自适应测试题册设计，以及 ePIRLS 与 digitalPIRLS 有机整合等新的发展动向。PIRLS 2021 的新变化给我们带来了要重视数字化阅读素养培养、丰富阅读教学评价文本类型、综合联动构建阅读学习环境、积极探索计算机自适应测试评价等有益启示。[②]

第三项国际测评是社会与情感能力测评(Survey on Social and Emotional Skills，SSES)，这是 OECD 在长期开展 PISA 测试之后又一大规模国际测评项目。2021 年，作为唯一的中国代表，华东师范大学在苏州 9 个区县的 151 所中小学校开展测评工作，调查了中小学 10 岁组和 15 岁组的 7550 名学生，其中 10 岁组学生 3800 人，15 岁组学生 3750 人，测评的有效参与率超过了 96%，为全球最高。同时开展了家长、教师和校长问卷调查，共获得 2.6 万多个样本。与全球 9 个国家的 10 个城市相比，苏州学生的表现亮眼。

---

① Jay R. Campbell，Dana L. Kelly，Ina V. S. Mullis et al.，*Framework and Specifications for PIRLS Assessment 2001* (*2nd edition*)，Amsterdam，International Association for the Evaluation of Educational Achievement，2001，p. 3.

② 参见张所帅、黄志军：《PIRLS2021：国际阅读素养进展研究新动向及启示》，载《基础教育课程》，2022(7)。

OECD将“社会与情感能力”定义为：人在实现目标、与他人合作及管理情绪过程中所涉及的能力。其测评框架主要有五个要素：任务能力(尽责性)；情绪调节能力(情绪稳定性)；协作能力(宜人性)；开放能力(开放性)；交往能力(外向性)。每个维度又确立了三项子能力，任务能力包括自控力、责任感和毅力；情绪调节能力包括抗压力、乐观和情绪控制力；协作能力包括共情、合作与信任；开放能力包括好奇心、创造性和包容度；交往能力包括活力、果敢和乐群。

2021年3月，教育部等部门联合印发《义务教育质量评价指南》。义务教育质量监测坚持全面、科学的教育质量观，监测内容体现了对学生德智体美劳全面发展的要求，同时关心学生学习情感态度、课业负担以及其他影响学习结果的教育教学方面的相关因素，探索提升教育质量的途径，从而进一步促进学生的发展。监测通过收集学生的学习质量、身心发展状况，以及学生个体、学校、政府、社会等各个层面上影响学生发展的相关因素状况等数据，为教育政策、教学决策的制定提供依据。在学科学业质量方面，义务教育质量监测要回答学生对课程标准规定的学习目标的达成程度的问题，就要尽量做到全面覆盖目标年级课程标准规定的学习目标。只要是课程标准要求的内容，就应该测到，而不仅仅像中高考或一般考试那样只选取部分内容进行测试。义务教育质量监测进行诊断、改进的三个价值取向是：优质、公平、高效。然而，一些一线的义务教育工作者对于义务教育质量监测工作的目的和意义还存在误解，常常把监测等同于统考，把监测评价异化为排名，甚至扭曲监测数据。义务教育质量监测任重而道远。

有些人过多关注考试(测评)的鉴定功能，认为其目的就在于为排序提供依据。给教师排序，以此确定教师的工作实绩；给学生排序，以证明学生的学习成效。这给教师甚至学校带来了负面影响，给学生带来了失败的体验。康熙作过一首《为考试叹》："人才当义取，王道岂纷更。放利来多怨，徇私有恶声。文宗濂洛理，士仰楷模情。若问生前事，尚怜死后名。"①

正本清源，考试(测评)的目的不是给学生贴标签，而是识别出高出或低于零点的学生，这样就可以把他们分置在最有益的教学序列中，就可以检查教学目标是否恰当，教学内容是否恰当，是否符合学生的水平及兴趣，然后由此选择不同的教学方式和组织形式。

这是一项世界性、历史性、实践性难题，涉及文化传统、经济发展水平、思想观念等因素，涉及不同主体，牵一发而动全身，必须系统设计，辨证施治，久久为功。

第五节　项目化学习

2022 年 11 月 15 日，笔者上中国知网以"项目化"为关键词进行检索时，结果是 25099 条；点击"计量可视化分析"，可以看到关于"项目化"的研究从 2007 年起步，2013—2019 年进入一个平台区，自 2020 年起又陡然攀升。可见，在政策的推动下，关于项目化学习的研究方兴未艾。

项目化学习是建构在新的知识观、教学观之上的教学方式，它更强调掌握知识的过程性体验，试图激活惰性知识。在知识爆炸的今天，知识呈几何级数增长。笔者猜想，在编写课程标准和教材的

① 卜维义、孙丕任编：《康熙诗选》，164 页，沈阳，春风文艺出版社，1984。

时候，各学科的专家一定争得不可开交。为此，需要一个更高层面的东西来统摄全局，那就是“课程方案”。由此，各学科综合各种因素，相互配合，形成了现状。

我们拿到的教材，是专家们精心遴选出来的学科必备知识和关键能力的载体，是高度浓缩的、抽象化的、符号化的知识。因此，有些学生读来晦涩难懂。要把这些艰深的知识变得可亲、可爱、有用，就需要教师从中起转化的作用，使之鲜活起来、具体化。由此，情境化的教学创设成为一个重要的手段。

情境化就是要就近取材，从学生身边可感可知的现象入手，在现实生活与书本知识之间架起一座沟通的桥梁。当这种情境化教学不是碎片化地在课堂上依靠教师的广闻博见，而是根据课程目标进行复杂的、系统的设计时，就是项目化学习了。

项目化学习是基于真实任务情境的、基于问题解决的。而要解决问题，必然要求跨学科的、较长周期的、沉浸式的学习。这对我们的传统课程体系建设、师资培养、教学观念等都产生了强大的冲击，甚至还会受到学生的抵制。因为长期以来，我国基础教育阶段的学生，接受的都是良构的、短平快的作业，一旦碰到劣构的、长期的作业，会很不习惯。然而，倘若遇到具有强驱动力的项目式学习，学生学习的自主性、合作性和探究性激情就会被点燃，他们的联系性记忆、情感性记忆和生存记忆就会被激活，知识的学习也就不再是死记硬背的低阶思维，如果学生发现自己具有了某些在未知世界能做些什么的能力，其创造性思维就被激活了。

行文至此，可以进行小结。所谓项目化学习，“是指学生在一段时间内对与学科或跨学科有关的驱动性问题进行深入持续地探索，在其调动所有知识、能力、品质等创造性地解决新问题并形成公开成果的过程中，形成对核心知识和学习历程的深刻理解”①。

进行项目化学习，是一件困难的事，难就难在设计，它对教师的知识结构、学科理解、学情认识都提出非常高的要求。基于我国的现状，我们一般不会立即做跨学科项目设计的高要求，而是从学科内部开始做起。

福建省长乐高级中学的陈碧云老师多次来到我的办公室，和我探讨项目化学习。陈老师是一位老教师，她对长乐区的本土文化有深入的研究，主编并出版了《我心长乐》《江田》《漳港》等多本著作。我对她的“文化积累”有一定的了解，经多次切磋，她决定以长乐区著名的《天妃灵应之记》碑为项目式学习材料，进行教学设计。长乐区别称吴航，是郑和下西洋的舟师驻泊地和开洋起点。郑和七下西洋，每次在出海前均要在长乐太平港停留，招募水手，修造船舶，祭祀海神，伺风开洋。郑和下西洋，每一次都很顺利，平安归来，为此他非常感激妈祖的保佑。郑和第七次下西洋前在长乐驻泊期间立下了《天妃灵应之记》碑。碑刻全文1177字，分前后两个部分，详细记载了从明永乐三年(1405)至宣德六年(1431)郑和前六次下西洋的经过、结果和第七次下西洋的任务等，以及在长乐修建寺、宫、殿和刻碑、铸钟的情况。(图3)

郑和七次下西洋的二十八年间，在长乐留下了丰富的文化遗迹。现在，长乐地区非常重视郑和文化建设，不但修建了郑和路、郑和公园，还修建了郑和史迹陈列馆、郑和广场等，汇集了大量相关文史资料。长乐人以郑和为傲，对郑和的故事传颂不绝，耳熟能详。

《天妃灵应之记》碑就在学生身边，学生对此很感兴趣，可是，

---

① 夏雪梅：《素养时代的项目化学习如何设计》，载《江苏教育》，2019(22)。

图 3　《天妃灵应之记》碑拓片

当把它当作学习材料时，大部分学生可能会皱起眉头。为此，在教学设计和实践中，陈碧云等教师首先引导学生了解《天妃灵应之记》碑的传奇经历、史料价值，激发学生学习的兴趣和探究的欲望，紧接着顺势提出本次项目化学习的驱动问题：《太阳风》文学社拟开展一次电子报评选活动，经过商议，决定将《天妃灵应之记》碑作为主要内容进行编辑。教师预计用 6 个课时完成该项目的主体学习，学生还可以利用课余时间查询资料、实地察看等。为完成编辑电子报的任务，教师又设计了三个学习支架：识读《天妃灵应之记》碑文，读准字音；通读碑文，学会断句；画出思维导图，厘清碑文思路结构。通过不懈地努力，参与项目学习的学生以小组为单位，都交出了一份图文并茂的电子报。最后，教师组织学生召开了成果汇报会，对每个小组的产品进行了公开展示，并请集备组教师现场对产品进行评价。在成果汇报会上，每个学习小组都派代表上台发言，说明自己的设计思路、心得感悟、实践困惑等，大家敞开心扉，坦诚交流。实践证明，成果展示是一个很好的抓手。因为要公开展示，学生都想把自己最好的一面呈现出来。这就促使他们全力以赴，带着任务学习，把所学的知识进行迁移运用，从而实现了深度学习。

陈碧云老师的研究成果后来撰写成《高中语文选修课程项目化学习探究——以〈天妃灵应之记〉碑微课程实施为例》一文，在《福建基础教育研究》2022 年第 2 期发表，该文被中国人民大学书报资料中心《高中语文教与学》全文转载。

不但中学可以开展具有强烈探究性的项目化学习，就是幼儿园也可以开展。例如，有这样一个具有真实性的驱动问题：当幼儿在自然角发现班级的番茄被动物偷吃时，他们做出各种各样的猜测，但是没有定论。于是，幼儿进行了深入持续的探索。午饭后，幼儿在自然角发现有小鸟飞来飞去："我们快躲起来看看，是不是小鸟吃的番茄?"果然，他们发现有好几只小鸟落在护栏上啄番茄，吃番茄的"小偷"找到了。教师追问："现在我们知道是小鸟吃了番茄，那么要怎样才能保护番茄呢?"幼儿展开激烈的讨论，他们想到安装监控、制作稻草人、放一个机器人在自然角等方法。教师继续问："你们的想法都很好，那么哪一个想法更容易实现呢?"他们选择制作稻草人。"稻草人要怎么做？谁愿意挑战制作稻草人?"在教师的引导下，五六个幼儿加入制作稻草人的项目活动中。教师通过追问、选择性提问、肯定幼儿的想法等，引发幼儿一次次讨论、交流，与同伴交换意见，实现自主合作；通过激励性问题“谁愿意挑战制作稻草人”，为幼儿创造了自主合作的机会。在合作过程中，教师及时鼓励、肯定，历经两个星期，幼儿成功做出稻草人，解决了小鸟吃番茄的问题。[①] 在解决这一问题时，幼儿调动自身的知识、能力等，创造性地解决问题，在形成成果的过程中加深了对核心知识和学习历程的深刻理解。

项目化学习是贯彻落实“做中学”理念的好抓手，它从高阶思维切入来包裹低阶思维，可以极大地调动学生的学习积极性，是值得大力提倡的。但是，正如“钟王之争”(钟启泉与王策三)一样，知识与能力孰轻孰重，迄今论辩未休。项目化学习无疑有忽略知识系统性的弊端。例如，有个教师有这样一个项目化学习设计：要学生背诵《百家姓》并熟悉姓氏的写法，这无疑近于单纯的学科认知。但是，如果教师以熟悉同班同学为学习情境，让学生从熟悉同班同学的姓氏开始，再向周围(学校、社区、书本、多媒体)逐步扩展，并结合生活体验理解姓氏的区分意义及文化价值，在此基础上背诵《百家姓》中的段落，便成了典型的“任务”。这一任务不仅是综合的、实践的、有文化内涵的，而且容易体现学生的主体地位。这样的项目化学习设计，无疑给一项单纯的语文学习活动赋予“生活任务”色彩，使语文学习部分地回归社会生活，从而增加其综合与实践成分，进而有利于培养学生的综合素养。[②] 但是，这种基于真实情境的学习显然具有局限性，它无法回到历史语境中，让学生知道

① 参见林琳：《基于自然角项目活动的幼儿学习主动性培育策略》，载《福建基础教育研究》，2022(9)。

② 参见郑桂华：《义务教育语文学习任务群的价值、结构与实施》，载《课程·教材·教法》，2022(8)。

《百家姓》这个文本是如何建构的，为何以“赵钱孙李”打头；而在广大的中国农村，多为同姓氏聚居，倘若农村学生执行这一任务，会有一定困难。

教师在实施项目化学习的过程中，苦恼的另一个问题是教学进度难以保证，课程任务完成不了。对此，笔者认为，项目化学习的课程开发不可没有，但也不宜太多。毕竟，课程标准与教材才是“必备品格与关键能力”的重要载体。例如，前述的《天妃灵应之记》碑所关联的妈祖，虽然有很大的影响，但还算不上具有全国性影响，因此，这样的文本仅可以进行校本教材开发。地方性知识与普遍性知识的联系与区别，我们必须把握好。

虽然项目化学习有一些局限，但是，我们并不是要否定它，而是要懂得佐以其他的方法，从而更好地使用它。当前，项目化学习的纵深发展至少有以下几个方面。

第一，学科综合。陈碧云老师在实践《天妃灵应之记》碑项目化学习时，有的学生就提出妈祖文化对郑和船队的影响；有的学生就思考郑和为何选择长乐伺风开洋，而开洋时机为何选在秋冬季节等。这些问题已经超出了语文学科，涉及历史、地理等学科知识。基于真实情境的学习，必然会碰到种种难以预料的问题，要回答这些问题，是对学科教师的挑战。这其实也是对学校的挑战，对教育体系的挑战。项目化学习从学科出发，走向跨学科，是必然的趋势。

第二，项目化学习设计如何指向创新能力的培育。项目化学习的要义在于知识的活化、具体化，唯有深度学习，才能让知识结构化，并根植于情境脉络之中，让学生形成专家思维，进而引发跨情境的知识迁移。传统“坐而论道”的授课方式已不适应时代发展的步伐，要培养创新型人才，一定要让学生“起而行”。

第三，项目化学习的社会关怀。项目化学习不单单是为了解决学习知识的问题，还需要“指向人类普遍关注的重大社会性、科学性议题，如生态环保、太空探索、文化保护、可持续发展、爱与信仰等”①。

第四，项目化学习评估。由于项目化学习属于设境催生教学法，因此不但要对教学对象进行评估，还要对教师的教学行为进行评估，主要内容包括“探究情境应如何根据科学知识生产的逻辑进行加工设计；探究的目标是否明确；探究过程如何实现培养学生创新能力的目标；教师如何通过设境催生实施对学生探究活动的有效组织；学生如何被有效地组织到探究活动的实践中去；这些活动在培养学生探究能力方面的效果如何等”②。

应该说，人类自发明学校教育以来，尚未探索到一种万能的教学法，项目化学习亦是如此。美国弗吉尼亚大学教授艾瑞克·唐纳德·赫希就明确反对项目化学习。他说：“不管能否有效地向所有儿童传授公共知识，‘项目教学法’以及其他模仿自然的方法，包括环境扩展法等，都成为最受欢迎的教学方法。然而，这些方法确实不能有效地传授知识，确实不能巩固阿曼娜在‘开端计划’③中取得

① 夏雪梅：《项目化学习的中国建构需要什么》，载《教育家》，2022(7)。

② 范兆雄：《告知与设境催生：两种教法认识观的教学论图式》，载《课程·教材·教法》，2022(11)。

③ 20世纪60年代，美国贫困问题与种族矛盾形势愈加严峻，为此，美国政府发起了“向贫困宣战”的改革运动。开端计划于1965年开始实施，主要为贫困家庭的学前儿童提供教育与健康、社会活动、家长参与等服务，以满足他们在教育、情感、社会、亲子关系等方面的发展需求，缩小他们与同龄儿童的差距，为他们适应小学生活奠定坚实基础，从而让他们有能力改变家庭经济状况，提高社会地位，逐步阻断贫困代际传递。经过不断完善，该计划日益彰显其优势，不仅为贫困儿童提供了教育发展的机会，也为他们的家长提供了就业的新机遇，改善了家庭经济条件，同时培养了大批优秀的学前教师，减少了社会问题的发生，在一定程度上保障了社会的和谐稳定。参见李先富：《美国开端计划项目对我国学前教育发展的启示》，载《内蒙古师范大学学报(教育科学版)》，2017(2)。

的那些学习优势。”[①]聊录于此，以供诸君一考。

第六节　学科综合

这是《义务教育课程方案和课程标准(2022 年版)》的亮点之一。上一轮课程改革设置了综合实践课程，而新课程标准对此进一步深化，《义务教育课程方案(2022 年版)》要求，每一门课程用不少于10%的课时来开发跨学科主题学习，在教材层面必须保证将不少于10%的跨学科内容设计出来，也就是说，每一个教师都必须学会综合实践课程设计与实施。这对学校、教师是极大的挑战。

与一些国家实行包班教学、全科教学不同，长期以来，我国实行的是分科教学。分科是人类认识逐步深入与分化的自然结果，其承载的间接经验容量较大、逻辑清晰、体系完整，有利于学校系统传承人类文化遗产。但是，在瞬息万变的信息时代，信息量、知识量急剧增加，不确定性增大，国际合作与竞争日益加大，传统的知识观和传授方式已不适应时代的要求。

然而，转变观念并非易事，转变行为方式更是难上加难。但千难万难，也要变！你不变，总有先行者会变！

请看《普通高中历史课程标准(2017 年版 2020 年修订)》的“附录 2 教学与评价案例”里“从唐长安和北宋东京认识唐宋社会及变化”这一教学主题所提供的材料 3：

五陵年少金市东，银鞍白马度春风。

① [美]艾瑞克·唐纳德·赫希：《知识为什么很重要：将孩子从失败的教育理论中拯救出来》，张荣伟译，53 页，福州，福建教育出版社，2022。

落花踏尽游何处，笑入胡姬酒肆中。

——李白《少年行》

…………

自从胡骑起烟尘，毛毳腥膻满咸洛。

女为胡妇学胡妆，伎进胡音务胡乐。

…………

胡音胡骑与胡妆，五十年来竞纷泊。

——元稹《法曲》

语文教师看到历史学科横跨到诗歌来，是不是有一种怵惕之感？

其实，文史哲不分家，这是中国古代治学的传统。钱穆先生说："《论语》究竟是一部哲学书呢？还是文学书呢？还是史学书呢？很难定。……若我们一定要把学问分疆划界，指定这是文学、这是史学、这是哲学，这样一分的话，如韩信军入赵营，拔赵帜，立汉赤帜，赵营早破，不能再存在。"[①]山东大学主办的期刊《文史哲》，刊名就表明其刊载的文章不必区分清楚是文学研究、史学研究还是哲学研究。然而，西学东渐以来，学科分化越来越严重，致使大学中文系的古代文学研究也分为先秦文学、两汉文学、魏晋南北朝文学、唐宋文学、元明清文学等，如交通警察各管一段，划清楚河汉界，互不干涉。其实，这已经变味了。

建构主义认为，所有的知识都是人为建构出来的，并不存在客观的真理。比如，对于"酶是不是蛋白质"，化学与生物两个学科各

① 钱穆：《中国史学名著》，231～232页，北京，生活·读书·新知三联书店，2000。

说各话，归根结底，问题源自教科书。其实，追问"酶是不是蛋白质"并无意义，横看成岭侧成峰，都能自圆其说。因此，新课程标准强调"素养"，就是要教给学生一些带得走的东西，而不是向学生灌输知识。新时代，首先要求教师建立新的知识观。

在网络时代，知识变得非常容易获取。培根有句名言："知识就是力量。"这已是几百年前的事了。比如，在中国古代的农耕社会，二十四节气就很重要，种和收都要踩在时间节点上，迟一天播种，都可能导致歉收。这就是农业知识的力量。

面对变幻莫测的未来，教师要培养学生的核心素养，首先自身必须具备"素养"，要有宽厚的知识基础。如今，全国各地正兴起学科综合的教学改革。

在北京市东城区和海淀区，一些学校开展了"一带一路"主题式综合实践活动，他们以"一带一路"为主题，将史地政等学科综合起来，"捕捉'一带一路'主题下聚焦学科核心概念的综合性话题"，"整合设计追求深层理解的课程目标"，"指向追求理解的课程目标设计学生活动任务"，"聚焦学科核心概念进行问题的追问，指导学生完成活动任务"，"以学生为主体的表现性评价设计"，重新进行课程构建与实施。①

1988 年，浙江省便在调查论证基础上，决定开设综合科学课程——"自然科学"，取代原有的物理、化学、生物学和地理等课程。1991 年，浙江省以知识体系为主、技能方法体系为辅，以主题单元的形式建构教材的内容体系，编制初中综合科学教材《自然科学》(6 册)，并在慈溪市、诸暨市、绍兴市三个试教区(约 5000 名学

① 张素娟、季苹、曾早早等：《基于核心概念的史地政跨学科综合课程构建与实施——以"一带一路"主题为例》，载《北京教育学院学报》，2019(2)。

生)进行首轮试验。1993 年，全省初中起始年级(约 60 万名学生)全面实施综合科学课程。2002 年，浙江省遵循国家义务教育课程设置实验方案，将课程名称由“自然科学”改为“科学”。2016—2019 年，浙江省教研室连续 8 次组织开展科学探究与科学本质教学高级研讨活动，5 次邀请国际著名科学教育专家李德曼教授、1 次邀请马修斯教授指导活动，接轨国际科学教育，探索可操作的促进学生科学本质理解的“历史—探究—反思”教学范式，开发典型教学案例，出版“促进科学本质理解的科学教学丛书”(2018)。2019 年浙江省教研室成立课题组，开展“指向科技创新能力培养的 STEM 教育实施研究”课题研究，探索初中科学课程在包括科学、技术、工程和数学的更大范围内的综合。在减少 78 课时的情况下，学生科学素养、学业成绩全国领先，涌现出一支满足初中综合科学课程教学要求的教师队伍，为 21 世纪国家课程改革特别是初中科学课程建设提供了“浙江经验”，向国内外辐射。[①]

从 2000 年始，重庆巴蜀小学的教师从长期困扰基础教育的阶段分科与综合课程不平衡、实施与评价不协同的问题入手，实施“学科能力达标”综合性评价，开设“综合实践活动大单元课程”，不断在分科与综合课程中寻找适度的融合，从内容的贯通化、教学的项目化、评价的情境化等角度实施系统化改革。2012—2014 年，该校进行了九门国家课程育人的核心素养及有效转化方法的探索。一方面，优化课程结构，学科内聚焦核心素养，落实学科育人价值，学科间以项目学习为抓手，探索跨学科教学；另一方面，探索综合评价体系，致力于建立一套以学生核心素养为导向，与学校课程综合

① 参见王耀村：《培育科学素养：初中综合科学课程建设的浙江探索》，载《全球教育展望》，2021(12)。

化实施相适应，对学生的素质和个性发展进行全面、全程评定的综合性评价体系。[①] 这一成果为国家三级课程管理在学校落地的系统解决提供了方案。

2020 年 9 月，上海市教育委员会出台了《义务教育项目化学习三年行动计划(2020—2022 年)》，部署培育 100 所左右的项目化学习实验校，覆盖全市所有区。上海这一强有力的措施是对 2019 年 6 月中共中央、国务院发布的《关于深化教育教学改革全面提高义务教育质量的意见》提出的“探索基于学科的课程综合化教学，开展研究型、项目化、合作式学习”的积极呼应。至此，项目化学习从理论探索转向政策要求。项目化学习具有两个鲜明的特点：真实的任务情境与学科综合化。要完成一项真实情境下的项目，单一学科是不可能胜任的，一定要多学科共同配合，协同作战。

2015 年 9 月，江苏省青少年科技中心、江苏省青少年科技教育协会和教育部基础教育实验室建设与实验教学研究中心(南京市教育局)签订合作框架协议，正式实施 STEM 课程，推进中小学教育创新。2016 年，教育部出台的《教育信息化“十三五”规划》明确指出有效利用信息技术推进“众创空间”建设，探索 STEM 教育、创客教育等新教育模式，使学生具有较强的信息意识与创新意识，养成数字化学习习惯，具备重视信息安全、遵守信息社会伦理道德与法律法规的素养。

STEM 是科学、技术、工程、数学四门学科英文首字母的缩写。STEM 课程重点加强对学生四个方面的教育：一是科学素养，即运用科学知识理解自然界并参与影响自然界的过程；二是技术素

---

① 参见马宏、张超：《基于学科的课程综合化实施探索——以重庆市巴蜀小学为例》，载《基础教育课程》，2015(9)。

养，即使用、管理、理解和评价技术的能力；三是工程素养，即对技术工程设计与开发过程的理解；四是数学素养，即学生发现、表达、解释和解决多种情境下的数学问题的能力。STEM 可谓是理科的大综合。

后来，人们发现单有理科综合是不够的，又在 STEM 的基础上加上艺术，成为 STEAM。STEAM 强调知识跨界、场景多元、问题生成、批判建构、创新驱动等，这反映了课程回归生活、回归社会、回归自然的本质诉求。STEAM 教育打破学科界限，如技术和工程相结合，艺术和数学相结合，科学和工程相结合。如高科技电子产品的建造，不但需要科学技术，运用高科技手段创新产品功能，还需要好看的外观，也就是艺术等方面的综合才行。2015 年 9 月，教育部《关于“十三五”期间全面深入推进教育信息化工作的指导意见(征求意见稿)》首次明确提出 STEAM 教育。STEAM 课程以其开放性、主体性、情境性、关联性、发展性，从一开始就顺应了中国课程改革的发展趋势，并受到全国各中小学幼儿园的欢迎。

有一次，笔者给省级语文学科带头人培养对象上课，课余聊天，一位初中老师抱怨道：“英语学科害死人！我班上的一些学生被英语拖后腿了，要是不考英语，他们能考上更好的高中。”我听了无言以对，只是在心里嘀咕：“这位语文老师的英语水平肯定不高。语文与英语同属于语言类科目，应该有许多共通之处，语文老师最好也能激励、帮助学生学英语。”如前述，文史哲具有天然的学科融合基础，而理化生也是天然能够融合起来的，比如《促进学生深度学习的建模教学探究——以“血糖平衡调节”教学为例》一文，就是以“血糖平衡调节”教学为例，创设问题情境，驱动学生主动参与构建、评价及修正血糖调节的物理模型、数学模型及概念模型等建模活动，发展生物学学科核心素养[①]；又如，《数学知识在高中物理教学中正迁移的策略》一文就认为“数学知识对物理教学中学生对物理概念、规律的理解、物理习题的解答都存在着深度影响”[②]。

教育部看到了学科综合的世界潮流，已经出台相关政策鼓励一些重点高校参与师范教育，这些高校凭借雄厚的师资力量，重新进行学科整合，必将培养出一批能够进行跨学科教学的青年教师，这些青年教师将是教育界的“鲇鱼”，激起一塘的“活力”。

第七节 学习共同体

有一幕情景虽然过去30年，可是我回忆起来依然历历在目。那时我在初一年级教书。有一天下课，一个女生突然冲到讲台边，满脸通红地指责我：“老师，你一点儿也不关心我!”然后扭头就走，留下我傻傻地愣在那里。我百思不得其解：“我怎么就不关心她了?”众所周知，在班级授课时，教师一般抓两头，而中等生常常被老师所忽视，而那个女生就是所谓中等生。当时，我还有个学生叫黄凯云(后来考上南开大学，现在深圳从事IT行业。关于他初中的故事可参见我的《流金岁月》[③]一文)。黄凯云是个很会动脑筋的孩子，上课时很爱提问，课堂上常常是我们两人你来我往的对答，其他学生被撇在一边，严重影响了教学进度。为此，我常常不得不打断他的发问。

---

① 参见林细富：《促进学生深度学习的建模教学探究——以“血糖平衡调节”教学为例》，载《福建基础教育研究》，2022(4)。

② 李铮：《数学知识在高中物理教学中正迁移的策略》，载《福建基础教育研究》，2020(4)。

③ 参见赖一郎：《流金岁月》，100～101页，福州，福建教育出版社，2006。

基于上述的教学经历，当我遇见佐藤学和他的学习共同体理论时，一下子就被吸引了。佐藤学多次来到福州教育学院第四附属小学，每一次闻讯，我都会欣然前往。（图 4）

图 4　佐藤学先生在福州教育学院第四附属小学(赖一郎摄)

有人称佐藤学是个有国际影响力的教育家。依我看来，佐藤学是在日本教育传统、教育体系和文化基础上成长起来的教育家，他是杜威的拥趸，怀揣平民教育、民主教育理想。一个有理想、有信仰的人，才不会为眼前的蝇营狗苟所羁绊。

佐藤学著作等身，其著作的中译本主要有：

①2003 年《课程评论——走向公共性的重建》《教师这一难题——走向反思性实践》与《教育方法学》的主要内容结集成中译本《课程与教师》(钟启泉译，教育科学出版社)；

②2003年《改变教学，学校改变》的中译本《静悄悄的革命——创造活动、合作、反思的综合学习课程》出版(李季湄译，长春出版社)；

③2004年《学习的快乐——走向对话》中译本出版(钟启泉译，教育科学出版社)；

④2010年《学校的挑战：创建学习共同体》中译本出版(钟启泉译，华东师范大学出版社)；

⑤2012年《教师的挑战：宁静的课堂革命》中译本出版(钟启泉、陈静静译，华东师范大学出版社)；

⑥2014年《学校见闻录：学习共同体的实践》中译本出版(钟启泉译，华东师范大学出版社)；

⑦2016年《教育方法学》中译本出版(于莉莉译，教育科学出版社)；

⑧2016年《教师花传书：专家型教师的成长》中译本出版(陈静静译、钟启泉审校，华东师范大学出版社)；

⑨2020年《学校改革：学习共同体的构想与实践》中译本出版(于莉莉译，北京师范大学出版社)。

这九本书中风靡中国的是《静悄悄的革命——创造活动、合作、反思的综合学习课程》；最简洁的是《学校改革：学习共同体的构想与实践》，约4万字，是其“学习共同体”概念的浓缩，也是具体的操作手册，比如书中写道：“在学习共同体的学校改革中，小学低年级采取全体学习与两人一个小组的成对学习的方式以协同学习为中心组织课堂，小学三年级以上至高中以男女混合四人一组的协同学习为中心组织课堂。如前所述，除了部分发展中国家外，这样的课堂及学习方式已经成为各国的基准。……四人以下的小组学习，比任何一种课堂组织方式更具有强制促进学习的功能。在同步教学的课堂上，可能出现学生假装听讲、倦怠学习的情况。但是在四人以下的小组中，每一名学生都不得不参与到学习中。协同学习的这一强制性功能，在促进每一名学生的学习成功上极为重要。”①对此，佐藤学的中国学生陈静静博士阐发道：“他最推崇的是男女混合的四人合作小组，如果四人还难以形成互学的关系，就从三人开始，但最终还是要建立四人的合作关系。他认为两三个人的合作虽然比较容易形成合作关系，但是毕竟难以产生多样的见解和想法，这样就限制了学习的进展。而超过四个人的小组则会使一些学生游离在小组合作之外，得不到他人在心理上和认知上的支持，也不易产生探究的焦点。而倘若是四人的话，谁都不是客人，谁都能参与小组活动。而且佐藤学认为：男女混合编组是因为男女生混合容易产生‘合作学习’，仅有男生或仅有女生的小组，尽管能够热烈讨论，却难以产生合作学习。”②

有趣的是，早于佐藤学1995年在日本的小千谷市立小千谷小学开始推动“学习共同体”教学改革实践，1982年，在中国大地上就掀起了一场课堂教学改革的试验。那年被任命为校长的蔡林森带领江苏省泰兴市洋思中学的教师们，学习邓小平理论，把“包产到户”的生产模式运用到学校管理中，把学校的入学率、及格率、毕业率、升学率都提升到100％。1994年10月，《中国教育报》用一个整版全面报道了《洋思之路》，其“先学后教，当堂训练”的教学法于1996年

---

① ［日］佐藤学：《学校改革：学习共同体的构想与实践》，于莉莉译，23～24页，北京，北京师范大学出版社，2020。

② 陈静静等：《跟随佐藤学做教育——学习共同体的愿景与行动》，75页，上海，华东师范大学出版社，2015。

形成，1999年江苏省教委发文推广。[①] 其时，福建省也有部分学校组织到该校学习，一些学校的课堂教学模式也发生了变化。

2017年年底，福建省教育厅公布了福建省首批“义务教育教改示范性建设学校”名单。2019年，笔者组织了编辑部的万丙晟、刘火荀、周志平三位青年编辑到示范校之一建瓯市东峰中学深入考察、调研，撰写的文章在《福建基础教育研究》发表。[②] 2020年，笔者在来稿中发现一篇很有特色的文章，打电话和作者南平市第三中学的张荣丽老师沟通文章修改意见，发现作者是个课程改革的“孤勇者”。由于教学成效显著，作者很自信，不像一般的作者对编辑的修改意见唯唯诺诺，而是敢于“顶嘴”且顶得有理有据。于是，笔者把她请到福建教育学院来开设讲座，请三位青年编辑对她进行深入访谈，于是又有了三篇文章。[③] 2021年，笔者继续率队，深入厦门市第五中学、厦门第一中学海沧校区、福建教育学院附属集美实验学校、厦门市蔡塘学校等采访。厦门市第五中学的原校长詹功祚是个很有想法的人，他在厦门市第五中学搞“部落共同体”，把佐藤学的“学习共同体”加以本土化，产生了很好的效果。于是又催生了

---

① 参见蔡林森：《教学革命——蔡林森与先学后教》，19页，北京，首都师范大学出版社，2010。

② 参见万丙晟、魏赟：《着力非智力因素培育　实现课堂教学转换——以乡村寄宿制学校建瓯市东峰中学为例》，载《福建基础教育研究》，2019(10)；刘火荀：《“表现性”语文课堂风景——建瓯市东峰中学课改观摩侧记》，载《福建基础教育研究》，2019(10)；周志平：《多方发力　形成教育合力系统——建瓯市东峰中学的课改启示》，载《福建基础教育研究》，2019(10)。

③ 参见万丙晟：《初中数学小组合作学习的伪合作现象剖析及对策》，载《福建基础教育研究》，2020(10)；刘火荀：《小组合作学习成效的关键在于合作文化——基于义务教育阶段学习共同体的考察》，载《福建基础教育研究》，2020(10)；周志平：《小组合作学习的发展困境与微观公平视角下的对策》，载《福建基础教育研究》，2020(10)。

三篇文章。[①]

基于倡导“自主、合作、探究”的学习方式的初心与使命，笔者不遗余力地鼓励与呼吁课堂教学改革。佐藤学倡导一种“润泽的教室”：“‘润泽的教室’就是大家共同呼吸，老师的呼吸节奏与学生的呼吸节奏是一样的。太极拳讲究气的流动，师生之间也应该有看不见的气的流动，非常柔和，非常润泽，和谐默契，学生完全沉浸在学习里，这样的教室就可以称为‘润泽的教室’。如何才能构建‘润泽的教室’呢？很简单，老师能够把所有的小朋友都连带在一起。很多时候，我们会发现，老师只注意跟身边的小朋友交流。但是，作为老师一定要做到，即使坐在教室最角落的小朋友，也能够和他们建立密切的联系。”[②]如果教师没有精准把握学科知识，没有较好的课堂调控能力，搞不好课堂就会变得乱糟糟。对此，王策三先生谆谆教诲：“我们必须充分估计到实行指导自学教学模式的艰巨性，千万不可小觑了。”[③]此外，教师课堂教学改革的内驱力不足。很奇怪的是，这种课堂变革往往是由薄弱校搞起来的，没有办法了逼得人们想办法。普通校不容易搞，大家都依样画葫芦，先辈怎么教我们还是怎么教，别人怎么教我们就怎么教，大部分教师按部就班地进行教学。秧田式的教学模式，实质还是传统的讲授式教学，只有师与生的对话，见不到生与生的对话。

---

① 参见陆定超：《厦门市蔡塘学校：初中起始年级小组合作能力培养策略》，载《福建基础教育研究》，2022(1)；周志平：《厦门市第五中学：新时代学校自我发展性评价的有效案例》，载《福建基础教育研究》，2022(1)；陈燕梅：《厦门第一中学：基于学习共同体的青年教师专业成长的校本策略》，载《福建基础教育研究》，2022(1)。

② 《好的课堂究竟什么样——本刊记者专访世界著名教育家佐藤学》，载《当代教育家》，2022(10)。

③ 王策三：《关于指导自学实验——兼评“先学后教”改革》，载《山西大学学报(哲学社会科学版)》，2016(2)。

既然这种课堂教学改革不可能自发地产生，那么依靠政策推动行不行？笔者认为也不好。因为靠行政手段强力推行，一些教师可能会只得其形不得其神，或者敷衍了事，教学效果反不如老样式的；而要扭转观念，从以教为中心转向以学为中心，也就是要让教师从以信息输出为主，转变为以信息输入为主(经过加工再精简地输出)，是一件非常困难的事。“倾听是内心安稳沉着，对对方予以接纳和关注，并从对方身上学习。倾听不只是用眼睛去看、用耳朵去听，而且用心去体会、共鸣和反思”①，“连不能用语言表达的学生的想法也能感觉出来”②。这是臻于化境的教学艺术，没有工匠精神的教师恐难达到(为了让教师理解倾听的重要性，开展“学习共同体”教学改革的福州教育学院附属第四小学在进行教研活动时，每个学习小组都配有一名教师作为观察员，近距离地观察学生的学习是如何发生的。这真是巧妙的安排，它与通常教师坐在后排远距离地观察，得出的结果判然有别；而今很多公开课安排在录播室，有了一层玻璃墙，听课者更是如雾里看花)。

学习共同体的形式是小组合作学习，但是内涵要丰富得多，非一言可以道尽。可以明确的是，它肯定不是“小先生制”。当年陶行知先生搞“小先生制”，是因为师资极度缺乏，是没有办法的办法。今天，我们面对的最大困难已经不是这个，而是老百姓对优质教育资源的渴望。“小先生制”这种选出一个学生来代替教师，帮教师收作业、改作业、监督学困生完成背诵任务的做法已经不能和时代合拍，必定会受到抵制。

---

① 陈静静：《学习共同体：走向深度学习》，23页，上海，华东师范大学出版社，2020。

② [日]佐藤学：《静悄悄的革命——课堂改变，学校就会改变》，李季湄译，27页，北京，教育科学出版社，2014。

笔者身边从事“学习共同体”课堂教学改革的先锋是福州教育学院附属第四小学原校长林莘，她勇于自我革命，勇于否定自己驾轻就熟的“以问为主，环环相扣，层层推进，步步深挖”的教学模式，第一个带头进行课堂教学改革，并且带出了一个很好的团队，使得自己离开福州教育学院附属第四小学之后，这种教学模式依然能够薪火相传。

请看林莘带出来的一名青年教师赵舒妮的精彩课例：

> 后进生普遍存在学习基础薄弱、学习成绩低下、学习兴趣缺乏、自我约束力不足、没有良好的合作参与意识、自我效能感低等特征。……日本佐藤学教授在其《学校的挑战：创建学习共同体》一书中指出：“教师一般认为，低学力儿童的转变是一个日积月累的过程，但事实上，低学力儿童是可以突然在某个时间点上摆脱低学力状态的。”大量的课堂实践也证明，后进生会因为一些因素，比如对某一个问题感兴趣、受到表扬或鼓励、体验到成功等，突然变得学习兴趣高涨，呈现出良好的学力特征。这个突然出现的“某个时间点”具有一定偶然性，可能是知识、能力、情意的某一学力要素，触发原因也各不相同，却具有同一特征：促使后进生学力提升。
>
> …………
>
> 三、个案分析(案例中学生姓名均为化名)
>
> …………
>
> 案主三：小硕，男，四年级，中年级固定观察对象之一。调皮好动有些小机灵，对学习不感兴趣，基础薄弱，成绩低下，自我约束力不足。

现场描述：《独坐敬亭山》是人教版语文第八册教材中的一首古诗，教材中“相看两不厌，只有敬亭山”的“厌”的注释为“满足”。小硕在同桌互述古诗意思这一环节在玩笔盒，没有与同桌小生讨论。授课教师王老师观察到这一情况后请小硕汇报刚才的讨论成果。他没有仔细看课文注释，理解为：只有敬亭山不讨厌我。小生马上纠正不是讨厌，应该翻译为“不满足”。小硕仍然没有注意到注释，执拗地说：看山有什么不满足的呢？鸟走了，云也走了，不是讨厌是什么？小生提醒要注意课文的注释，小硕语塞。不过小硕的话引起了王老师的关注，她让大家先不考虑课文注释，想想有什么方法可以判断古诗中“厌”的意思究竟是“讨厌”还是“满足”，并且让分别支持这两种观点的学生组成一些临时的学习小组，寻找“证据”。小硕觉得自己引发了这个话题，变得异常投入。在反馈时他代表小组发言，结合小组同学介绍的李白蒙冤坐牢、被流放却无人送行的创作背景，认为李白想说的意思是从人到鸟到云都讨厌自己，敬亭山不讨厌自己只是“走”不了罢了。另一方也提出了自己的观点。小硕发现自己说服不了对方，就提议查字典求证，可字典中对“厌”的解释有两种，正是“满足”和“讨厌”。有趣的是，有学生发现字典中“厌”的繁体字有两种写法，写作“厭”意思是“讨厌”，而写作“饜”指的是“满足”。“折腾”了快一节课，所有的学生都对这个找不到答案的问题充满兴趣。快下课了，小硕仍不甘心，突然提议能不能找出简化前的版本来看看。他解决问题的思路王老师很是赞赏，现场联系了一位台湾地区的老师，让她拍下繁体字版的《独坐敬亭山》的照片，竟然真的写作“厭”，是“讨厌”之意。王老师还建议大家在课后寻找典籍或到图书馆再次求证。

本案例让研究者真正体会到“后进生”三个字的含义，他们学习成绩不理想并不是智力因素，“后进”只是没有找到学力提升的触发点而已。当他们面对自己感兴趣、有挑战的问题时，会呈现出非常灵活、非常综合的解决问题能力，而这种解决实际问题的能力甚至超越传统意义上的“优等生”。平时负责观察小硕的教师也表示在此之前6个月的观察中从没见过他如此投入学习，在发言时条理如此清晰，文本解读如此精准，解决问题的方法如此多样。并且在此后对小硕的持续观察中发现他的学习信心和兴趣提升了很多，学习能力和学业水平都获得稳步提升。[①]

再请看福州教育学院附属第四小学青年教师蒋艳雪上课的情形。在照片中(图 5)，我们找不到教师的身影，这样的课堂真真切切地实现了“以学为中心”，教师再也不是课堂的主角，不占据课堂的中心，而是以恰当的方式融入学生。蒋艳雪老师对笔者说：“学生自主提问的时候，他们眼里有光，他们自主参与课堂沉醉其中，能迸发出思维火花，我就会惊叹：‘哇！这点我可没想到!’教师在课堂沉醉其中，学生思维涌动，时常会给我带来惊喜。”

当前，“学习共同体”教学改革大部分在小学阶段试水，其实，中学也是可以搞的。特级教师曾呈进在福建省福鼎第一中学上地理课时就使用小组合作学习，且取得了很好的高考成绩。课前通过学习任务单、微课等，给小组布置预习任务；上课时，每四人或六人为一小组，每组分配一块小黑板，大家把讨论结果写在黑板上，然后

① 赵舒妮、姜平：《后进生学力提升“拐点”及其诱因的田野研究》，载《福建教育学院学报》，2019(8)。略有调整。

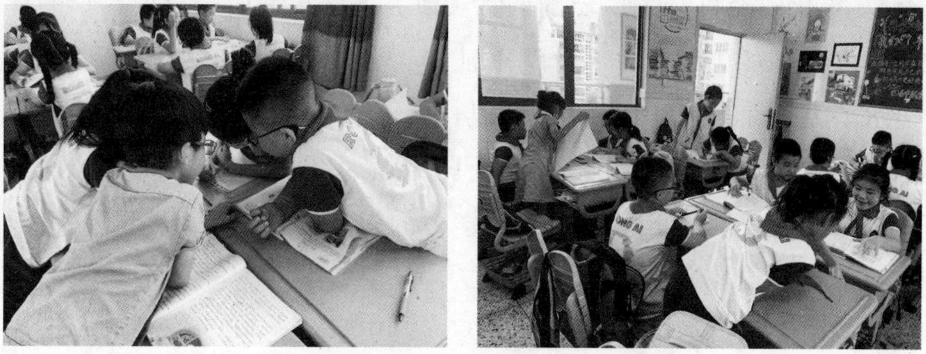

图5 “学习共同体”课堂教学情景
(福州教育学院附属第四小学 蒋艳雪摄)

每组上台展示讨论的结果。讨论较激烈的是抛出一个情境，让各组出高考题，然后评出哪一组出得好；更激烈的是，给出考题的答案。这样的小组合作学习，真正触动学生的思维，课堂自然活跃起来。

“学习共同体”的精髓是“协同学习”：“在同伙伴的交流之中获得不同思考与见解，发现秉持不同思考方式与见解的伙伴，形成了新的人际关系，从而感受到学习行为本身带来的乐趣与喜悦。”这是一种基于心理安全的学习，是一种若无其事地帮助同伴的学习，是一种超越竞争的学习。对于这种美妙境界的学习，钟启泉教授的描述是建立在美国科恩的著作《超越竞争社会：无竞争的时代》之上的。科恩在书中断言：“大量历史的、实证的研究表明，‘竞争有效性’的主张是基于错误信息编造的一套神话而已。”①

当前，一些学校和教师，自觉或不自觉地会通过竞争的方式来激发学生的学习内驱力，分层教学还是大行其道。钟启泉教授对此大力抨击：“分层教学是落后于时代的。欧美国家在20世纪70年代

① 《钟启泉：课堂转型的挑战》，载《教育家》，2016(8)。

至80年代曾经进行过广泛的调查和研究，结果表明，分层教学的有效性值得怀疑：仅有一部分调查证实了分层教学的有效性，大部分显示了无效性与危险性。分层教学在教育上带来否定性效果是所有调查研究的总体结论。美国学者奥克斯(J. Oakes)得出的判断是，其一，分层教学并不有利于学生学力的提升，特别是对'下位'组学生而言，分层教学是危险的。其二，分层教学对人际关系与学习态度会产生影响。初中'上位'组学生热心于学习，但'下位'组学生显示出被孤立、被排斥的倾向。'上位'组学生的学习自信是否就是分层教学的效果，尚不明确。其三，通过分层教学，学生之间的学力落差更为加剧。其四，分层教学对整个学校的学力提升是无益的：分层教学对'上位'组的一部分学生能发挥有效的功能；但对'上位'组的众多学生、'中位'组的学生而言是无益的；对'下位'组的学生是有害的。"[①]以学习成绩的单一维度来评价学生，无疑给学生贴上了标签，给学生以某种心理暗示，不利于学生的心理健康。这是必须予以明确反对的。

然而，合理地、巧妙地使用分层教学，可能是当下比较好的一种课堂教学模式。比如，江苏省南通市初中分层走班的改革探索就曾经得到《中国教育报》的正面报道[②]；又如，《隐性分层教学及其应用》[③]这样的文章也作为榜样被刊登。福州第十五中学贺玉亮老师尝试的是"分层＋小组合作学习"模式，把全班同学分为五组，其中优生A组两个、其余B组三个，这两层的学生作业有所差别(B组安排保底作业，A组除保底作业之外，还必须完成提升素养的选做

① 《钟启泉：课堂转型的挑战》，载《教育家》，2016(8)。

② 参见符永平：《尊重差异，更好地关注"每一个"——江苏省南通市初中分层走班的改革探索》，载《中国教育报》，2018-09-19。

③ 参见段爱华、余必健：《隐性分层教学及其应用》，载《教学与管理》，2020(26)。

题)；每次考试表扬A组的前三名，表扬B组的第一名，并颁发奖状，B组的学生有的自小学以来从没有领过奖状，当他领到奖状的那一刻，激动得泪花在眼眶里打转，学习劲儿倍增；B组的同学三次获得奖状可以申请到A组，这样，A组的学生数就能够持续增加，优生率和及格率也就逐步提升了。

其实，分层教学真正落到实处就变成一对一辅导了，是非常耗时非常累的。笔者同一位刚当上妈妈的青年教师讨论“学习共同体”，她则说怎样“分层教学”，从两层分为三层再分为四层，笔者回复道：“你是把陪自己孩子的时间拿来陪别人的孩子。”望着她一时平静下来的脸，不知道她心里是不是五味杂陈。

对于建构在倾听的、静悄悄的基础上的“学习共同体”课堂，笔者充满憧憬，当然，笔者也深知，这实施起来充满风险与挑战。遗憾的是，由于职业分工，笔者无法亲身去实践。

第八节 批判性思维

“Abelson说：人的信念‘犹如一件旧衣服，人一旦获得并穿上一阵子，就感到舒服，即使衣服过时或者破旧，也没有关系’”①，这是北京师范大学心理学院教授刘儒德等人在《北京师范大学学报(社会科学版)》2009年第5期上发表的《论学习信念的形成》引用的第一条参考文献。我不知道Abelson是何方神圣，经查找，说是艾贝尔森(1913—2004)，美国物理学家、科学编辑和科学作家。我不敢确定这是不是对应上了。不过这其实并没有多大关系，主要是这

---

① Abelson R. P., “Beliefs are Like Possessions,” *Journal for the Theory of Social Behavior*, 1986(16).

句话实在令人忍俊不禁：要改变观念实在不容易！例如，在《语文教学通讯》2016 年第 7 期发表的一篇文章说："批判性思维更多地表现为教师自己对教材与教学内容的批判性，体现在选择什么教什么上，体现在思辨什么评价什么上，体现在批判什么建设什么上。也就是说，多是教师个人在教学设计过程中或者教学之后的批判性思维。——过早让中小学生介入批判、过早追求批判性眼光，不切实际。"[①]进入 21 世纪，这种观点还能发表，说明知识的权威、教师的权威还是高高在上，建构主义知识观、教育观还是没有普及。华中科技大学附属小学自 2014 年始开展批判性思维课程，在经过实践、探索之后，该校教师深深感叹，在初等教育引入批判性思维不是开展太早了，而是开展得太晚了。

在美国，批判性思维的滥觞至少可追溯到 20 世纪初杜威领导的教育改革。20 世纪六七十年代，在苏联卫星成功发射的挑战下，美国再一次关注教育改革，推行实证性学习、探究性学习、问题解决式学习、项目学习等。这些新型的学习方式，都以批判性思维为先导。2002 年，美国学界、商界和政界联合成立了"21 世纪联盟"，强调加强"信心和创新的技能"的培养。批判性思维、创造性思维、沟通能力和合作能力("4C"素养)四项技能被视作美国文化、科技和商企在全球领先的必备条件。自 2009 年起，美国开始制定中小学教育的标准"州共同核心课程标准"(The Common Core State Standards，CCSS，类似我国的课程标准)，它全面接受"21 世纪联盟"的理念，把培养基本技能和"4C"素养放在这个标准的最优先位置。"今天，美国学校教学生说理和辨别说理谬误的教育是从小学四年

① 张一山：《批判性并非语文的"救世主"——也谈批判性思维的课堂教学意义》，载《语文教学通讯》，2016(7)。

级就开始的，经过初中和高中的不断提高，可以达到相当的水准。”①

我们不能望文生义地认为批判性思维就是大批判。谢小庆等学者把它翻译为“审辩式思维”；叶刘淑仪女士则主张翻译为“明辨性思考”或“分辨性思考”，认为“批判性思维”的译法“令不少学生只是按字面解释，误以为批判等同思考，对很多事情还未作深入的分析，便妄下结论，对他们分辨事物的逻辑能力，带来了负面的影响”。对于上述译法，学界认为“舍去‘批判性’也许使之‘悦耳’，但也失之‘古已有之’的错觉”，不能还原“批判”的哲学含义，准确传播“批判精神”。② 2021 年 5 月 28 日，习近平总书记在中国科学院第二十次院士大会、中国工程院第十五次院士大会、中国科协第十次全国代表大会上说：“培养创新型人才是国家、民族长远发展的大计。当今世界的竞争说到底是人才竞争、教育竞争。要更加重视人才自主培养，更加重视科学精神、创新能力、批判性思维的培养培育。”③“批判性思维”概念已然定型。

关于“批判性思维”的定义，学界众说纷纭。有人说：“批判性思维主要表现在敢于表达自己的不同观点、敢于向权威发出挑战、善于表达自己具有建设性的建议等。”④这样的说法有失于理性谦逊。批判性思维固然锋芒向外，但同时刀刃向内，要先承认人之为人的先天性缺陷，警惕自己由于种种受限而无法全息地感知对象，由于人性的弱点而偏听偏信等。目前，学界普遍接受的是美国学者罗伯

① 徐贲：《明亮的对话——公共说理十八讲》，246 页，北京，中信出版社，2014。

② 李文浩：《“Critical Thinking”的译介及其影响》，见董毓：《批判性思维教育研究 2021 年第 1 辑》，37 页，上海，上海教育出版社，2022。

③ 习近平：《加快建设科技强国 实现高水平科技自立自强》，载《求知》，2022(5)。

④ 沈爱萍：《例谈批判性思维培养策略》，载《中学教学参考》，2021(28)。

特·恩尼斯所下的定义："批判性思维是合理的、反思性思维，其目的在于决定我们的信念和行动。"它不单单把矛头指向外在的世界，也指向思考者本身，它"不是真理思维(truth thinking)，而是一种优质思维(good thinking)。它的结果不是绝对正确的真理，而是可靠的知识、是非善恶的判断、明智的决定、合理的行为和慎思的行动"[①]。它由"德育"(理智品质)和"智育"(思维能力)两部分组成，是知与行的合一。"德育"包括求真、谦虚、谨慎、客观、公正、反省、开放等品质；"智育"是一组阐明、辨别、分析、推理、判断和发展的高阶思维技能。[②]

董毓教授幽默风趣地将应试教育同孵鸡蛋对比。[③] 随着核心素养这一新课程标准理念的推行，不是给学生灌输知识，等他们长大了再去创造，而是在学习中创造，在创造中学习，这种共识已逐渐形成。"批判性思维技能的培养完全可以从低年级的年幼儿童做起，关键是所提供的材料，学生是否熟悉和感兴趣，如果所提供的主题，学生比较熟悉，那么，批判性思维技能就最容易获得。例如，在一年级的课外读物中，有一则关于运货车拉狗下山的插图故事。一条狗坐进运货车中，一个女孩坐在山顶上推了车一把，这条狗自己从陡峭的山坐车下来。苏姗在阅读时，脱口而出'不可能，狗是不可能自己坐在运货车里下山的。它会跳出来的，我的狗就不会坐在运货车里让我拉着它转。'苏姗进行了评论性的阅读，她用个人的经验评论这个故事。再如，一个小学三年级的学生刘阳子，对恐龙

---

① 徐贲：《批判性思维的认知与伦理》，1页，北京，北京大学出版社，2021。

② 参见董毓：《批判性思维十讲——从探究实证到开放创造》，6页，上海，上海教育出版社，2019。

③ 参见董毓：《论批判性思维教育在创新机制改革中的地位》，载《工业和信息化教育》，2016(6)。

非常感兴趣。他在阅读有关恐龙的课外书籍时，对世界上最长的恐龙有多长提出了疑问，因为不同的书所列的数据不一样，到底相信谁的呢，这些数字是如何得来的呢？这个学生通过对数据的真实性和来源进行比较，提出了自己的疑问。”[①]在福州，8 岁的二年级男孩小冯发现，课文《羿射九日》中前一段刚提到“江河里的水被蒸干了”，下一段又提到“他蹚过九十九条大河，来到东海边”。因此，他质疑道：“既然晒干了，那后羿是怎么蹚的？是不是课文出错了？”人民教育出版社微博回应承认，“蹚”字的确用得不恰当，并表示将对教材进行适当修改。[②] 在高年级，随着学生知识的增长，可以采用的材料会越来越多，教师要善于利用学生所熟悉的材料培养学生的批判性思维。

没有从小培养学生的批判性思维，期待学生长大后形成批判性思维，是妄想。而要培养学生的批判性思维，教师要先有批判性思维——至少要有容忍批判性思维的度量。请听一位中学生的心声：“我原来在小学时是个很爱提问题的人，可每次提问都让老师给我否定了。记得有一次，一位语文老师在教古诗《春晓》时，我觉得有疑义，就问老师：‘老师说诗人春天好睡觉，连天亮都不晓得，那他夜里怎么能听到风雨声呢？’这位老师很不以为然地说：‘这有什么奇怪的！早上起床到外面看一下不就知道了？’当我还要再问时，老师却对我挥挥手让我坐下，只见老师环视一下全班同学，多少带着点嘲笑的口吻说道：‘大家说说看，是他对，还是老师对？’同学们毫不犹豫地齐声答道：‘老师对。’当时我感到很尴尬，竟然对自己的判断产生了怀疑。所以，到了中学以后，我很少提问，老师讲

① 刘儒德：《批判性思维及其教学》，载《高等师范教育研究》，1996(4)。

② 参见《8 岁男孩质疑羿射九日，人教社回应：改教材》，光明网，2019-06-14。

什么我就记什么，许多和我一起上中学的同学都觉得我变了，不像以前‘炸刺’了。”①人的成长有一个逐步社会化的过程，而所谓社会化，其中很大的成分就是功利化。功利化使人逐步丧失童真，被镶嵌到功利的因果链条中。诚如清代诗人龚自珍在《猛忆》一诗中哀叹的：“狂胪文献耗中年，亦是今生后起缘。猛忆儿时心力异，一灯红接混茫前。”②功利就像人体的脂肪，是维持社会这一肌体正常运转的动力源之一，但是，如果过于功利，就像人体的脂肪过多，就会得高血脂病。因此需要批判性思维这一味药来清脂。

没有一定的批判性思维，个体的生存会有困难，因为在信息时代，芜杂的信息会遮盖事实的真相，使人踏入陷阱而不自知。我们必须衡量竞争双方的证据，识别有误导性的广告，察觉辩论中的谬误，厘清文章中的前后逻辑，避开信息推送的阅读偏好，等等。总之，批判性思维技能不仅能教，而且应教，但是它并不是通过参与教师引导的讨论、做作业、回答课后问题等常规课堂动作就能习得的。

批判性思维作为思维技能的综合运用和人格特质的完美结合，并非经一两天、一个学期或几个学期的简单训练就能形成。因此，隐性的批判性思维教育对于发展学生的批判性思维极为重要。但是，它的开展并不是学校单方面就能做到的事，而是需要全社会共同努力，形成一种有利于批判性精神成长的家庭环境、学校环境和社会环境。

批判性思维的根本在逻辑思维。一般来讲，逻辑指的是形式逻辑，也就是概念、判断、推理；而推理又分为演绎推理、归纳推理

---

① 钱民辉：《学生实话实说》，85～86页，北京，中国人事出版社，1998。

② 汤克勤编著：《龚自珍诗全集汇校汇注汇评》，181页，武汉，崇文书局，2019。

和类比推理，这三种推理方式的根本是归纳推理，由个别的现象总结出一般的规律，这一般的规律就成了演绎推理的大前提，大前提正确，才能保证推理的结果正确，大前提错了，推理的形式正确，结果也是错误的。而归纳大部分不可能采用完全归纳法，只能抽样，这样就无法保证归纳的对象没有例外，于是波普尔提出了“发现黑天鹅”这个偏执性口号。而“发现黑天鹅”的执拗，其实是创新的重要基石。比如，化学发展史上，如果没有发现镁燃烧后残渣的重量增加这一例外，人们就会一直深陷在物质燃烧后重量减少的普遍现象中，从而无法发现氧气在燃烧中的重要作用。其后，莱布尼茨的出现，使形式逻辑又发展出数理逻辑。

2019 年，联合国教科文组织把每年的 1 月 14 日定为“世界逻辑日”。教科文组织总干事奥黛丽·阿祖莱致辞：“‘因为担心失衡跌倒，我们的思想紧紧抓住逻辑这个扶手。’这一精辟的比喻摘自安德烈·纪德的小说《新粮》，它形象地概括了逻辑对于人类思想发展的重要作用。”逻辑在我们的生活中无处不在，它具有很多实用功能，在科学、工程学、认知心理学、语言学、传播学的发展中发挥了重要作用，也切实推动了思想变革。

《中国学生发展核心素养》提出六大素养，具体细化为十八个要点。其中便有“逻辑清晰，能运用科学的思维方式认识事物、解决问题、指导行为等。……思维缜密，能多角度、辩证地分析问题，做出选择和决定等”①。当前，高中教材加强了批判性思维的基础性建设，增加了逻辑知识，比如思想政治增设了选择性必修 3“逻辑与思维”，语文增设了选择性必修上册第四单元“逻辑的力量”，数学

① 《中国学生发展核心素养——六大素养十八个要点的重点(一)》，载《中学教育科研》，2018(2)。

人教版 A 版必修第一册第一章是“集合与常用逻辑用语”。最新的中国高考评价体系也将包括逻辑思辨能力在内的思维认知能力作为考查的重点。由此可见，“逻辑”在高中教育教学、考试评价中占有越来越重要的位置。由于种种原因，师生对有关“逻辑思维”内容的教与学仍然感到困惑。面对时代发展中的“逻辑”，我们没有退路，唯有迎头而上，才能攻克拦路虎。

第九节　课程思政

教学是一件容易沦为技术的工作，因为有家长、社会、同行竞争、行政考评等种种因素的影响。笔者因没有教过高中，所以 2016 年秋季申请到某中学的高一年级开设一学期的校本课程《〈论语〉精读》，教学可谓失败：学生并没有专心听课，大部分带着其他学科的作业来到课堂上完成，等等。然而，作为教育工作者，我们都有一个基本认识，学生的问题都是社会问题的映射。

教学不单单是教给学生知识，还要教他们做事，教他们做人。做人并不是等学生大学毕业走上工作岗位后才去学的，必须从小开始学起，而且要每时每刻地学。英国数学家、哲学家怀特海曾经充满悲悯地说：“理想的逐渐消失可悲地证明了人类的努力遭受了挫折。在古代的学园中，哲学家们渴望传授智慧，而在今天的大学里，我们卑微的目的却是教授各种科目。从古人向往追求神圣的智慧，降低到现代人获得各个科目的书本知识，这标志着在漫长的时间里教育的失败。”[①]可见，这个难题不是我们今天才遭遇的，而是

① ［英］怀特海：《教育的目的》，徐汝舟译，52 页，北京，生活·读书·新知三联书店，2002。

一个历史性的、全球性的、全学段的难题。

一句话，教师不能仅仅懂得教学，还要时刻警醒自己，“教学”之上，还有“教育”。“教育”的概念比“教学”大得多，至少多了德育。

德育不等于道德与法治课、思想政治课，不是政治教师的专属，而应该是全员育人，每一位教师都要自觉地承担起德育的重任。知识是建构的，显性地或者隐性地都包含有意识形态的属性。就因为这一点，国家才要收回语文、道德与法治和历史课程教材的编写权。教育部教材局负责人就普通高中三科教材统编工作答记者问时明确表示：“一是贯彻中央重大决策部署。教材建设是国家事权，体现国家意志。党中央、国务院高度重视教材建设，习近平总书记作出一系列重要指示批示和论述。2017 年国家教材委员会成立，统筹指导管理教材工作，强调要按照中央决策部署抓紧编好中小学三科教材，实行国家统编、统审、统用。二是落实立德树人根本任务。三科教材意识形态属性强，是国家意志和社会主义核心价值观的集中体现，具有特殊重要的育人作用。在义务教育三科统编教材投入使用后统编高中三科教材，有利于把落实立德树人根本任务在整个基础教育阶段贯通起来，形成一体化人才培养格局。三是适应基础教育发展新要求。我国基础教育已进入以质量为核心的新阶段，要在巩固提高普及水平的基础上聚焦抓质量、抓内涵。提高教育质量，抓好教材是基础。近年来，社会各界对三科教材十分关注，人民群众有很多期盼。统编高中三科教材更好地适应了时代要求，回应了各方关切。四是协同推进综合改革。国务院 2014 年印发《关于深化考试招生制度改革的实施意见》，要求对高中课程和高考改革进行统筹谋划，做好衔接。实施好新高考，必须推进普通高中课程改革，必须编写和使用好高中新教材。”①

没有“教育”这一概念的教师，会为学科本位所拘泥，把教书当作谋生的职业，不愿意当班主任（我当教师八年，一直兼任班主任②）。在我的记忆里，初中生是很愿意上“班会课”的，我会和他们讲一些社会上的事，学生很好奇；我对这些事加以评论，学生也频频点头。《义务教育道德与法治课程标准（2022年版）》“课程理念”第二点说“道德与法治课程以‘成长中的我’为原点，将学生不断扩大的生活和交往范围作为建构课程的基础”③，是很有道理的。学生两点一线，整天就在学校与家庭之间来回，很少接触社会，对社会上的事情有一种熟悉的陌生感，跃跃欲试。适当讲一讲，加以世界观、人生观、价值观的引导，会受学生欢迎的。福州第三中学的青年特级教师郑友强被学生誉为“心灵大师”，就是因为他肯在这方面下功夫。

“经师易求，人师难得。”《后汉纪·灵帝纪上》和《周书·卢诞传》中都提到这八个字。郭沫若先生在《青年哟，人类的春天！》一文中对此阐发道：“经师是供给材料的技术家，人师是指导精神的领港者。”④我们应该以此自勉，不断修行，以“人师”为鹄的。

想成为“人师”，必须从学科出发，在学科教学中有机融入思想品德教育。这是习近平总书记关于教育的重要论述和中共中央办公厅、国务院办公厅印发的《关于深化新时代学校思想政治理论课改

---

① 《编好三科教材培育时代新人——教育部教材局负责人就普通高中三科教材统编工作答记者问》，载《人民教育》，2019(18)。

② 参见赖一郎、林汇波：《作家型教师：教师专业成长的另一种范式——以惠安高级中学张家鸿为例》，载《福建基础教育研究》，2023(8)。

③ 中华人民共和国教育部制定：《义务教育道德与法治课程标准（2022年版）》，2页，北京，北京师范大学出版社，2022。

④ 李晓虹选编：《郭沫若散文》，175页，呼伦贝尔，内蒙古文化出版社，2006。

革创新的若干意见》等赋予教师的重任。

知识作为人类智慧的结晶，自带地域色彩、主观色彩；退一步说，知识是客观的，是工具(比如刀具)，无是非，但是使用工具的人的主观意愿是有是非的。[①] 因此，我们在学科教学中传授对知识的运用不可不慎重。现在，不少教师的课程思政做得很出色。

第一个例子，福建省建阳师范附属小学阎晶晶、黎育琳《“文学阅读”与“创意表达”的融通共生——以“给英雄写致敬词，向党的20大献礼”项目式学习为例》。[②]

文章以六年级“革命题材”小说《金色的鱼钩》中“学写致敬词”的项目式学习任务设计为例，探索凸显文本核心价值的文学阅读与创意表达双向建构、互促共生的路径。作者首先引导学生了解人物的时代背景，解读人物形象，深刻领会“老班长”的精神价值，再组织语体，在鉴赏中创新表现形式，从而在实践中生成言语经验。

这样师生共同经历在《金色的鱼钩》阅读中的“致敬词”创作过程，即高质量的“阅读与表达”相融共生、双向建构的过程。学生在“给英雄写致敬词”的活动情境驱动下，以“什么是最感动的？为什么最感动？怎样让人感动？”为阅读活动的起点，把视角定位为面向“整体”的阅读活动，直入“人物”来串联地思考“背景、事件、精神”的“感动词”；再从形式出发，选择“长短句简述事件、排比句歌咏精神”的抒情方式，入情入境地将课文的内容转化成“致敬词”的表

① 参见[英]迈克尔·波兰尼：《个人知识：朝向后批判哲学(重译本)》，徐陶、许泽民译，上海，上海人民出版社，2021；[英]卡尔·波普尔：《客观知识：一个进化论的研究》，舒炜光、卓如飞、周柏乔等译，上海，上海译文出版社，2015。两位学者，一个认为知识是个人的，另一个则认为知识是客观的，相映成趣。

② 参见阎晶晶、黎育琳：《“文学阅读”与“创意表达”的融通共生——以“给英雄写致敬词，向党的20大献礼”项目式学习为例》，载《福建基础教育研究》，2022(12)。

达输出。

作者还贯穿“读英雄文章、写英雄诗歌、向英雄致敬”的项目主题，以“给英雄写致敬词，向党的20大献礼”为活动情境，引导学生深情回顾学过的讴歌革命英雄人物的课文，将六年级下册第四单元的学习活动，提至此课来“预热”：《十六年前的回忆》《毛主席在花山》《十里长街送总理》《飞夺泸定桥》《狱中联欢》都是以伟人或者革命先烈的典型事例来反映理想信念、爱国情怀、艰苦奋斗、无私奉献、顽强斗争和英勇无畏等革命传统的。再指导学生以《金色的鱼钩》中提炼的此类文章的“阅读习作双向建构”方法，一次次地迁移到以上的五篇课文中，形成以“非常之人，非常之事，非常之举动，非常之精神”体会革命文化类课文的阅读思维结构。作者还鼓励学生课外阅读《红岩》等革命文化作品，为“江姐”等英雄烈士写“致敬词”。之后，再回到评选“致敬词”的大情境任务，对照阅读支架“事件背景、人物肖像、感人事件、革命精神”，在小组辨析、全班交流评价中落实读写思维，生发审美体验，增强文化自信，形成语用经验。

第二个例子，华应龙教三年级学生初识分数（节选）。①

2022年1月6日，华应龙名师工作室领衔人、北京第二实验小学副校长华应龙召开了一次数学课程思政研讨会。

“同学们，请在点子纸上画出半条被子。”华应龙设计的“比一比，谁最会创造”环节，立刻调动起学生的积极性。

有的同学给被子画上了五角星，有的同学给分出去的半条被子画上阴影以示区分，还有同学把被子分成大小不同的两份，“因为

① 参见林焕新：《“半条被子”里的育人温度——记特级教师华应龙的一堂教学思政课》，载《中国教育报》，2022-02-13。

红军一定会把大的那一半分给老百姓”……华应龙动情地说：“什么是共产党？共产党就是自己有一条被子，也要剪下半条给老百姓的人。”

通过画图和展示讨论，华应龙引导学生认识二分之一、四分之二、八分之四……都是“一半”。从“半条被子”到“二分之一”，思政元素也自然过渡到数学知识。

“送走半条被子以后，每个红军战士平均盖了多少被子？”对于初识分数的三年级学生而言，这是本节课最大的难点。华应龙紧接着说：“别着急，这个问题有点难。请同学们在点子纸上用水彩笔画一画。”这个巧妙的停顿，让课堂节奏缓了下来，给学生充分的时间动手探究。

学生在点子纸上勾画，深化了对整体与分数的理解。华应龙还特地找来一条行军被，将被子对折后放在身前，给学生们展示每位红军盖的被子是多么小。“在风吹雨打的长征路上，红军盖的就是这样的被子。”华应龙语重心长地说。

数学与思政，哪里是元素的简单叠加？从讲故事到画图探究，再到理解与复述，华应龙一步步引导学生通过动手和动脑，学习、运用数学知识，激发学生的爱党情感。“共产党是一支有爱心的队伍”，“共产党很温暖、很伟大”，学生们有感而发。

华应龙说：“我不是教数学的，我是用数学来教孩子的。”这是他的教育理念。“过去我们讲分数，突出的是平均分几份、取几份，但是很少关注整体，也就是‘把什么分成几份’。”华应龙偶然听到了“半条被子”的故事，当即觉得这是个可以融入教学的思政素材。

第三个例子，高中生物学科的课程思政。[①]

生物学科可以通过四种途径进行课程思政教育。第一，通过介绍我国科学家的故事来弘扬爱国精神，激发学生的爱国志向。第二，通过介绍我国在科技、经济、环境保护、医疗卫生等领域取得的巨大成就来激发学生的强国豪情。第三，通过介绍我国在环境、资源、生物多样性等方面面临的挑战，激发学生的责任感和使命感。第四，通过阐明我国在科技、社会等方面的发展，体现社会主义制度的优越性，培育学生的制度自信，进而增强学生的国家认同感。此外，在实验探讨中要求学生实事求是(不编造数据)，培养学生的诚信品格；通过“与生物学有关的职业”这一课外阅读栏目，培育学生的敬业精神；通过倡导关爱残疾人、遗传病患者等，培育学生友善、平等、公正的价值观等。

第四个例子，综合实践活动“垃圾的处理”。[②]

对垃圾的处理，如将废旧报纸做成艺术包、将废旧衣服制成艺术品等，只是“花边项目”，往往缺少引领性的价值观做支撑。在国际经典的垃圾处理项目中，前端会加上对垃圾来源的考察，链接“我”作为垃圾源，中期会加入对不同类型垃圾的产生原因和处理方式的探索，后端会让学生生成与垃圾处理相关的经济、商业设计，由此让学生生成“没有任何垃圾是垃圾”的深度理解。这样的项目历程更加上位、开阔和复杂，对学生的价值观引导、情感培育的价值会更大。没有价值观支撑的项目是没有灵魂的，会沦为知识和技能训练的另一种样态。一个好的项目不仅需要还原世界的本质面貌，更应该具有开阔学生眼

① 参见赵占良、谭永平：《聚焦学科核心素养，彰显教材育人价值——普通高中生物学教材修订的总体思路》，载《课程·教材·教法》，2020(1)。

② 参见夏雪梅：《项目化学习的中国建构需要什么》，载《教育家》，2022(7)。

界、提升学生格局的立意。项目化学习要有更深切的社会关怀，为学生打开面向世界和面向未来的窗口。我们需要抬起头来，仰望星空，从个人扩大到全球乃至浩渺的宇宙，以人类普遍面临的困境、机遇与挑战为契机，塑造自由而有价值的灵魂。

第五个例子，福建省福清元洪高级中学林圣腾的《“13-14-30”高中太极拳教学模式实践探索》。

林圣腾老师教太极拳，善于与思政学科融合，突出育人内涵。他说：“太极拳俗称‘哲拳’，是用身体‘体知’中国传统文化。例如，太极拳独特的‘推手’运动，就是一种追求‘和合’，保持‘中庸’‘兼容并包’的文化。站桩练身体的稳定性，身心统一，耐得住寂寞的毅力，体悟‘天人合一’的意境。调姿‘立身中正’更是鼓励学生为人正派有担当。开展太极拳竞赛，可以深刻体会到集体利益高于个人利益、个人利益让步于家国利益的社会主义核心价值观。在技能教学时，观看世界体育竞技短视频，从太极拳的历史起源、文化特性、名人事迹等不同维度创设情境，完成学生对国家责任、文化自信的认同，顺势树立起‘国兴我荣，国衰我耻’的爱国主义情怀，实现太极拳教学与思政教学的有机交融。”①文章占据了弘扬中华优秀传统文化的高位，非同凡俗，被中国人民大学书报资料中心全文转载。

现在，非但课程开发、课堂教学注重思政教育，考试也注重育人的导向功能。

第六个例子，2022年天津中考物理试卷第23题：

> 热爱劳动的津津，在家学做天津特色菜“贴饽饽熬鱼”时，

① 林圣腾：《“13-14-30”高中太极拳教学模式实践探索》，载《福建基础教育研究》，2022(10)。

一个饮料瓶不小心落到了松软的玉米面团上，在面团上留下较深的痕迹。于是他灵机一动，利用玉米面团和装有水的饮料瓶，依次做了如图所示的实验，对如下两个问题进行了探究。

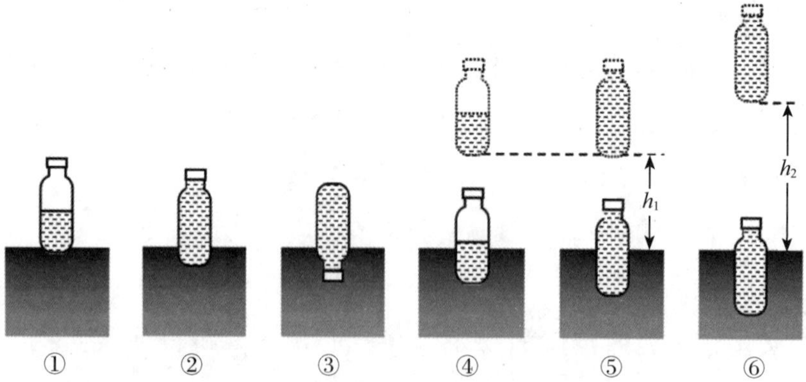

问题一：压力作用效果跟哪些因素有关

问题二：重力势能大小跟哪些因素有关

(1)做实验①②③是为了探究________(选填“问题一”或“问题二”)；

(2)利用实验④⑤可探究重力势能大小与________是否有关；

(3)《民法典》中规定“禁止从建筑物中抛掷物品”，生活中更要杜绝“高空抛物”这种严重危害公共安全的行为。“高空抛物”危害性大的原因，可通过分析实验⑤⑥得出的结论来解释，请你写出该结论：________________________________。

该试题完美地契合了“从生活走向物理、从物理走向社会”的课程理论。天津特色菜“贴饽饽熬鱼”的情境素材，可以引导学生热爱家乡、热爱中国传统的饮食文化；“禁止从建筑物中抛掷物品”的警示语教育，引导学生树立公共安全意识、社会规则意识及社会责任感，以此增强学生对国家的认同感和使命感，并将其体现为行动自觉，是自然学科融合课程思政的一种实效体现。该试题在符合各项命题指标要求的前提下，借助实验探究综合题的形式宣传《民法典》，润物无声地对学生进行普法宣传教育。该试题还呼应了《义务教育课程方案和课程标准（2022 年版）》将劳动教育从综合实践活动课程中独立出来的举措。《义务教育劳动课程标准（2022 年版）》以“任务群”的方式对“烹饪与营养”做了具体的目标要求，旨在引导学生在实践活动中亲历情境、亲手操作、亲身体验，以此树立学生的劳动观念、培养劳动能力、养成劳动习惯和品质、形成和发展劳动精神。[①]

开展课程思政，最忌讳的是“拉郎配”。不同学科课程有其独特的学科属性和本学科的知识体系及思维方法，实施课程思政，必须尊重学科课程的学科属性，不能把学科课程都上成思政课，这是很多学科课程教师在谈到课程思政时的担忧。因为不同课程的学科归属、课程性质、教材内容、教学内容各有侧重，学科课程在思想政治教育方面，不可能像思政课程那样追求完整性、理论性、深刻性，而应采用结合式、穿插式、渗入式的方法，把思想政治教育的内容巧妙地与专业知识学习结合起来，以多点辐射、有机贯通的方法，润物无声地开展思想政治教育。[②]

当然，思政的主渠道、主阵地是义务教育的道德与法治课和高中的思想政治课，2022 年 11 月，教育部印发了《关于进一步加强新

① 参见郜建辉：《中考物理实验探究综合题的命制与评析——以 2022 年天津中考物理试卷 23 题为例》，载《福建基础教育研究》，2022(11)。

② 参见马进：《处理好思政课程和课程思政的关系》，载《甘肃日报》，2019-03-26。

时代中小学思政课建设的意见》，要求确保思政课的课时占比达到6%～8%。思想政治工作最忌喊口号和空洞地说教。思政教师亟须提高教育教学境界。

概言之，如果把教书当作一项纯粹传授知识的技术活，不考虑“育人”，就会沦为“教书匠”，成不了“大先生”。

第十节　基础教育国家级教学成果奖和全球性教育奖项“一丹奖”

基础教育国家级教学成果奖是我国基础教育教学领域的最高奖项，四年一届。参评成果必须符合国家教育方针、政策，体现时代精神和素质教育的核心理念，遵循学生身心发展和教育教学规律；必须围绕解决基础教育教学过程中的实际问题，创造性地提出科学的思路、方法和措施，经过实践检验，对于实现培养目标、提高教学水平和教育质量效果显著，产生了广泛而积极的影响，至今仍在教育教学中发挥示范引领作用。2014 年和 2018 年两届共评出特等奖 4 项、一等奖 98 项、二等奖 767 项。2014 年的特等奖授予北京市十一学校的《普通高中育人模式创新及学校转型的实践研究》和江苏省南通师范学校第二附属小学的《情境教育实践探索与理论研究》；2018 年的特等奖授予上海市教育委员会教学研究室的《走向世界的中国数学教育——义务教育阶段数学课程改革的上海经验》和重庆市巴蜀小学校的《基于学科育人功能的课程综合化实施与评价》。2022 年的特等奖授予了上海市黄浦区卢湾一中心小学的《数智技术与情感教育双驱动的小学育人模式实践探索》和南京市浦口区行知小学的《大情怀育人：扎根乡村 40 年的行知教育实验》。

因是2014年才开始评选，高校、基础教育机构与中小学数十年积累的一批在全国有重大影响的教学成果一同参与评审，例如始于20世纪70年代的北京“马芯兰数学教学法”、江苏南通李吉林的“情境教育”，始于20世纪80年代的江苏常州邱学华的“尝试教学法”、上海闸北第八中学刘京海的“成功教育”，始于20世纪90年代的华东师范大学叶澜的“新基础教育学校教学改革研究”、清华大学附属小学窦桂梅的“小学语文主题教学实践研究”和浙江的“童声作文教学研究与实践”等成果一下子涌现了。详情可登录“基础教育国家级优秀教学成果资源服务平台”查寻。

由中国人创立的全球性教育奖项——“一丹奖”①，2016年在香港创立。创办人陈一丹1971年出生于广东惠州，成长于深圳。他全力投身公益事业，专注于教育公益，捐赠25亿港币(约合21.08亿元人民币)用于设立该奖项。“一丹奖”每年颁发一次，包括“教育研究奖”和“教育发展奖”两个奖项，主要用于表彰全球范围内为教育做出卓越贡献的个人或不超过3人组成的跨界团队。各奖项得奖人将被授予3000万元港币的奖励，其中1500万作为奖金，剩余1500万用于资助得奖者研究或推动项目。一丹奖的评选标准是：教育的变革性、对未来的前瞻性、创新性以及持续性。当被问及为什么设立这个奖项时，陈一丹说：“所有社会问题的解决，最终都可以回归到教育。教育进步了，社会也就发展了。”以下对历届“一丹奖”进行简要介绍。

---

① 以下资料来自《教育“一丹奖”成立》，载《人民日报》，2016-05-23；《那个捐了近百亿元的人》，载《中国青年报》，2019-10-30；光明网、新华网等。

第一届“一丹奖”(2017年)

教育研究奖由美国斯坦福大学心理学教授卡罗尔·德韦克荣获。该项研究率先提出“成长型心态”的崭新概念，相信智力可以靠后天努力而改变。德韦克教授的教育研究之路，从一个一直困扰着她的问题开始：“为什么有些孩子热爱挑战，并且能在失败中挣扎着重新站起来；而另一些孩子拥有很强的能力或技能，却会在经历失败后一蹶不振?”德韦克教授经过数十年的研究，发现专注于过程而非结果的教学方法能够大大增加学生全面发挥潜能的机会，因而提出了“成长型心态”的概念，即认为智力不是固定值，而是可以后天培养、成长和开发的一种心态。此套理论鼓励学生积极评估及发展自己的潜能，在教育界影响深远。

教育发展奖由哥伦比亚新学校基金会创办人兼总监薇奇·科尔波特获得，因为她创建的“新学校”(Escuela Nueva)是一个“以学生为中心”，融合课程、教师培训、社群参与及校园管理等因素，建立有系统及高成本效益的教学模式。这个教育项目可以为解决全球教育中的根本问题——为农村地区提供高质量的学校教育提供成功模式，并已被证明具有实践效果。

第二届“一丹奖”(2018年)

教育研究奖由美国芝加哥西北大学统计学系系主任拉里·赫奇斯教授获得，他发展出一套整合分析统计法，可用于社会、教育、医学和生物科学等领域，能够以创新的方法整合跨学科的研究结果。他的研究能协助政策制定者、教育工作者和公众，以实证找出怎样的教育才是切实有效的。

教育发展奖由线上学习平台 edX 首席执行官阿南特·阿格瓦尔获得。edX 为美国哈佛大学和麻省理工学院支援的在线学习平台，在两所大学的支持下，阿南特·阿格瓦尔创立了 edX，希望可以向全球有志学习的人提供免费的优质教育。成立至今，edX 已向全球超过 1700 万人提供 2000 多个来自 130 家顶尖教育机构的课程，并以继续扩大覆盖范围为目标。edX 致力于令教育与就业成功接轨，容许学员在完成课程后获颁微型证书。该奖项评审小组主席多萝西·戈登表示，阿南特·阿格瓦尔使教育成为共享经济的一部分，颠覆了传统教育模式，使教育更加大众化。

第三届“一丹奖”(2019 年)

教育研究奖由英国剑桥大学教授乌莎·戈斯瓦米获得。她是一位研究神经科学、读写行为与教育的学者，是剑桥大学认知发展神经科学教授及剑桥大学圣约翰学院院士。她创办了世界上第一所从事教育实践的神经科学中心，并担任该中心的总监，2013 年当选为英国社会科学院院士，她所出版的 8 本专著及 180 多篇学术论文，受到教育学者与公众人士的广泛关注。她研究的是神经学与早期教育的关联。她经过研究发现了儿童对语言节奏模式的认识在其语言学习上的重要性，还揭示了大脑感知节奏的基础，解释了这个神经认知过程是如何因为受损而导致发育过程中读写障碍问题的。她通过认知科学研究，令教育工作者了解大脑的功能机制，让充满热情的教育工作者能够对儿童在学习中表现出的差异性拥有科学层面的理解，从而积极地面对这种差异性并因材施教，制定不同的教学策略，运用不同的技术及工具，帮助有读写障碍、学习障碍的儿童更好地学习语言。这些发现有助于推动教育变革，造福世界各地数以百万计的儿童。

读写障碍在同一阶段分很多不同类型，患病的儿童就像丢失了光标的电脑一样，读文章时他们常常找不到读到了哪里，如果不是用尺子一行行比着看，文字就像无序游动的蝌蚪，抓了这个，却丢了那个。有的表现为阅读困难，有的写字偏旁颠倒，歪歪扭扭，有的“b”“p”不分，有的简单的加减法总是算错。

随着教育教学研究的深入发展，笔者身边也有教师关注到这个现象。福州教育学院第四附属小学研究儿童阅读问题的课题组自2014年9月起对中年级15个班共761名学生进行了朗读、默读测试，并开展学生、教师、家长的问卷调查，初步发现阅读困难学生98人。各班阅读困难儿童人数的比率在7%～22%，最少的班有4人，最多的班有12人。为此，他们一方面从分级分类推荐课外读物和营造安全友善的课堂氛围方面进行分层教学施策，另一方面从进行预测性导读、提高阅读流利度、设计开放性问题、养成记录习惯等方面进行阅读理解策略指导；此外，还从家校合作方面入手，探索改进策略。[①]

厦门市海沧区也有成功的案例：“笔者曾经对一个有典型阅读障碍的三年级学生进行诵读矫正，经过一个多月的努力，这个孩子从无法顺利完成朗读《太阳是大家的》这一短诗，到因为成功背诵了《蜀道难》向其父亲兴奋报告‘蜀道不难’……在后期的持续关注下从此不再厌学。”[②]

教育发展奖由孟加拉国非政府组织“跨社区资源建设”创办人法

---

① 参见赵舒妮：《改善弱读群体阅读状况的教学策略探究》，载《福建教育》，2016(18)。

② 张春生：《如何科学而稳定地实施区域性诵读课程》，载《人民教育》，2021(24)。

兹勒·哈桑·阿贝德爵士获得，基于该组织在创新、影响力及管理等多方面的成就，“跨社区资源建设”于2019年连续第四年被日内瓦的“非政府组织顾问”评为全球第一非政府组织。“跨社区资源建设”成立于1972年，其项目涉及亚洲与非洲11个国家，主要目的为减少贫困，帮扶贫困人群，为全球超过1亿人提供帮助，成为全球最有效的非政府组织之一，真正践行着联合国可持续发展目标背后“一个都不能少”的精神。法兹勒爵士因在领导“跨社区资源建设”的成就，获得多个当地及国际性的奖项，并于2009年获得英国女王颁发的爵士勋章，以表彰他在孟加拉国及世界各地消除贫穷的贡献。他通过在“跨社区资源建设”中创立“游戏实验室”等模式，提供创新性的幼儿教育，令贫困地区的儿童同样获得高质量与低成本的早期教育机会。

第四届“一丹奖”(2020年)

教育研究奖由美国斯坦福大学教授卡尔·威曼获得，他在科学、技术、工程和数学教育方面发展了新技术和工具。为了补充对“主动学习”的基础研究，他开发了可以帮助其他人进行研究和教学的工具。其中包括物理教育科技互动模拟，这种新的教学工具可为没有物理实验室访问权限的研究者提供针对大学本科阶段各种STEM主题的134个模拟，已经以93种语言对7亿名学生进行了科学模拟训练，涉及领域包括物理、化学、数学、生物学和地球科学。威曼教授将利用一丹奖的奖金，发展这个正被广泛使用的物理教育科技互动模拟，在全球范围内吸引更多不同年龄段的用户。

教育发展奖由露西·莱克和安吉·穆里米尔瓦获得。她们在女性教育方面获得突出成就，两人在非洲推动高质量教育近27年，至今已改变400万名女童的生活。通过其“学习者指南”计划，女性教育活动组织以一种可扩展且可复制的方法为非洲撒哈拉以南地区的女孩和年轻妇女提供包容和公平的优质教育，解决女性在学校中被严重排斥、辍学、缺乏相关的榜样及青年失业的问题。“学习者指南”是一项计划，旨在通过教育为处于社会边缘地位的女孩提供支持。女性教育活动组织的团队将利用一丹奖的奖金，扩大“学习者指南”计划，初步承诺将培训2万名学习指导者，以支持非洲撒哈拉以南的5个国家的100万名在学年青女孩。

在本届颁奖典礼上，一丹奖基金会同时宣布成立“一丹奖明师堂”，以汇集世界顶尖专家，在分享合作过程中解决教育实践中的关键问题。一丹奖明师堂首批成员有16位，朱永新成为其中第一位中国代表。

第五届“一丹奖”(2021年)

教育研究奖由斯坦福大学的埃里克·哈努谢克教授获得，他对教育政策与国家经济之间的关联进行了深入研究：与一国经济增速存在正相关的，是该国的教育质量和学生的认知技能，而非教育年限。他的研究成果推动了联合国等国际组织制定教育可持续发展目标，在教育机会的基础上同时关注学习质量等因素。2015年，联合国通过的一项全球教育目标中首次纳入了学习成果目标。一丹教育研究奖评审小组主席、经济合作与发展组织的安德烈亚斯·施莱彻表示：“哈努谢克教授在教育经济学领域取得了无与伦比的成就。他借助严谨的经济分析设计出了更优秀、更公平的教师绩效评估体系，研究发现了长期经济增长和社会进步与更好的学习成果之间的相关性，为一系列的教育政策的制定带来启示。”

教育发展奖由帮助发展中国家儿童培养读写技能的布拉罕教育基金会首席执行官鲁克米尼·班纳吉获得。班纳吉博士及其团队率先推出了一套评估方法，能够确定在校儿童读写和算术技能之间的差距。为了缩小学习差距，班纳吉博士及其团队通过与地方社区和学校合作，教授儿童基本的读写和算数技能，不让他们在学习中掉队。这套独特的项目模式条理清晰、推广性高，每年惠及数百万儿童，目前正在全球一些欠发达地区广泛推广。一丹教育发展奖评审小组主席、联合国教科文组织教育应用资讯科技研究院理事多萝西·戈登表示："班纳吉博士和布拉罕教育基金会拥有明确的使命——让每个孩子'能上学，上好学'。这提醒着我们不仅要让教育之门向每个人打开，更要将教育质量的重要性铭记于心。为实现这一目标，布拉罕教育基金会所采取的措施大大改善了学生的学习效果，既具成本效益，又极具推广性，带来教育创新突破。"

一丹奖评审委员会主席、联合国教科文组织前总干事松浦晃一郎博士表示："一丹奖的愿景是通过教育创造更美好的世界。每年我们都会表彰那些在教育研究和实践领域提出颠覆性想法的个人或团队。他们正通过变革我们施教和学习的方式塑造更美好的未来。从 2021 年一丹奖候选人的整体质量和多样性可以看出，全球各界都在积极探索新的教育方法。今年的被提名人的教育项目惠及 130 多个国家和地区。他们围绕教育体系进行了深入全面的思考，着力解决教育不平等的问题，并为学习者提供支持。"本届一丹奖评审委员会还迎来了五位新评审成员。联合国教科文组织教师教育中心负责人、上海师范大学国际与比较教育研究院院长张民选教授等人的加入，增强了广泛代表性和覆盖教育领域多样性。

陈一丹说："更长远的目标不是关注奖金的数额，而是奖项的认可度和权威性。获评‘一丹奖’是否代表这就是好的教育，是否能够让大家认同、学习、应用，造福于人类，这才是最重要的。奖金中一半是奖励给个人，还有一半是要求继续做，影响更多的人。教育体系是所有社会功能体系里最复杂的体系。它的持份者太多了。但我们仍要不断推动它的创新和改革。因为，这不是你想不变就不变，而是整个信息革命决定它必然会变。这个变化迟早要发生的。只是在哪个地方发生？这个变化与其他领域相比可能会特别慢。但是，这个变化一旦发生就是变革性的，对整个社会体系有变革性的影响。教育最终培养的是人。所以，我们绝对要重视教育领域的变化。未来的 10 年、20 年、30 年……这个变化一定会来临。你不能等着变化的来临。你也是变化的一部分。你也是变化的参与者和推动者。设立‘一丹奖’就是希望大家来交流和推动教育向好的方向变化。好的教育最后是属于全人类的。

“关于教育发生什么变革，我想，根本上取决于‘教育要培养什么样的人’。联合国教科文组织前段时间提出了 2035 年的教育发展目标，很多任务非常紧迫，一些目标还没达到。我们也委托《经济学人》智库专门设计了一个‘全球教育未来指数’，提出 21 世纪的人才要具有六大技能：(1)跨学科的能力——以前是分学科，未来社会需要更多的综合能力，需要跨学科；(2)创新的能力和分析能力；(3)具有企业家精神——面对事情你如何推动，可能包括冒险、勇敢等特质；(4)具有全球视野；(5)掌握数字化的能力；(6)具有领导力——领导自己也是领导力一种体现，这是一种综合能力。可能今天我们看是这 6 种能力，10 年后看可能是另外一些能力。社会总是在进步的。但教育有不变的东西，那就是对人的培养。我们中国人讲‘教育’，是由两个字组成的：一个‘教’字和一个‘育’字。

‘教’，就是教你能力、知识、本领；‘育’，就是育你的人格、品德、胸怀。甚至，‘育’比‘教’更重要。教育场景会变，教育方法会变，整个教育系统会变。这些变都是为了提升人的能力，适应未来。虽然教育的过程很慢很难，甚至是最慢的，但最终还是靠教育。教育的最终目的都是培养人，让他适应当下和未来的时代。我想，教育只是一个手段。通过教育，最终目的是实现个人的幸福。我这一辈子做不完，就一代一代去做。”

第六届“一丹奖”(2022年)

教育研究奖授予斯坦福大学教育学荣休教授、学习政策研究所主席及行政总裁琳达·达林-哈蒙德博士，其研究为促进公平、有效的教育政策和实践提供了重要的基础。她的研究综合了学生多元化的学习思维，以改进教师培训与发展项目的设计，并鼓励学校全面支持师生各方面的发展。一丹教育研究奖评审小组主席、经济合作与发展组织的安德烈亚斯·施莱彻表示：“达林-哈蒙德博士一直致力于通过不同的研究项目，以支持教育政策及教学模式的发展，让所有学生充分发挥潜能，跨越社会背景、性别或地域的限制，建立更有效、公平的学习环境。许多学校及课室设计，以及支持教师发展的政策亦深受她的研究影响。”有了一丹奖的项目奖金，达林-哈蒙德博士将继续扩大“教学研究室”的网络，推动以科学为基础、以学生为本的教师培训和预备课程。她将会拓展教学研究室的规模，增加更多课程及研究项目，为教师、学者和政策制定者建立一个互相交流学习的平台。

教育发展奖授予苏州大学教育学院教授、新教育实验发起人朱永新教授，以表扬他对促进中国教师发展以及改善学习成果的贡献。新教育实验支持中国教师的健康发展，其项目覆盖逾8300所学校，超过50万名教师及800万名学生受惠，当中逾半来自农村或偏远地区。新教育实验通过与学生所在的社区积极互动，营造更有利成长的家庭学习环境。一丹教育发展奖评审小组主席、联合国教科文组织教育应用资讯科技研究院理事多萝西·戈登表示："朱教授致力于解决全球教育上一些最棘手的难题——提升教育公平性和兼容性。新教育实验通过提高学生的读写和沟通能力，鼓励以全方位学习带来个人成长。这些措施逐渐改变教师的专业发展模式，以及学生在家、在校的学习方式。更重要的是，他提醒我们：学习也可以充满快乐。"朱永新教授计划利用项目奖金，拓展新教育实验在中国农村和偏远地区的规模，进一步改良他们的云端教师发展平台，提升教育质量，促进教育公平。

第七届"一丹奖"(2023年)

教育研究奖授予美国亚利桑那州立大学教授季清华。季清华教授提出"ICAP"认知互动理论，探究学生的学习模式，将学习活动分类为四种模式：互动性学习（Interactive）、建设性学习（Constructive）、主动学习（Active）、被动学习（Passive）。该理论为"认知学习"设定了基准，帮助教师更深入地了解学生如何学习，从而更有针对性地设计课程，让学生积极参与课堂互动，帮助学生实现从接受知识，到主动思考，直至通过协作"创造新知"的成长。

一丹教育研究奖评审小组主席、经济合作与发展组织的安德烈亚斯·施莱彻表示："季清华教授的研究方式不是简单地对观察性研究或现存研究进行实证分类，而是以坚实的理论为基础，归纳了认知科学领域的主要研究成果，弥合了此前研究文献的差异。她对教育研究的重要贡献之一是提出了探究学生如何学习的'ICAP'认知互动理论，将认知科学与不同学习方式提炼为一个简单易懂、易于推广的框架，不遗余力地将科学理论付诸实践 。"季清华教授计划将一丹奖项目资金用于继续完善"ICAP"认知互动理论，为学前教育至高等教育教师开发专业发展培训资源，扩大"ICAP"认知互动理论的应用范围，促进学生构建关键技能、增强深度学习。

教育发展奖授予教育企业家夏・雷谢夫。夏・雷谢夫创办了一个免学费、非营利性质的在线学历教育平台，以缓解大学教育名额不足的困境，帮助有经济困难的群体，以及因冲突、战乱而流离失所的人等接受高等教育。

一丹教育发展奖评审小组主席、联合国教科文组织教育应用资讯科技研究院理事多萝西・戈登表示："全球高等教育仍面临教育名额不足的挑战，这意味着仍然有很多人难以通过教育开阔视野、提高收入。夏・雷谢夫与其团队运用数字技术，开源解决方案和开放教育资源，为那些被传统高等教育边缘化的人提供学习机会，令教育的大门向更多人打开。"夏・雷谢夫计划将一丹奖项目资金用于与发展中国家合作，进一步推动高等教育的普及。

一丹奖评审委员会主席、联合国教科文组织前总干事松浦晃一郎博士说："本届一丹奖的提名质量和多元化程度进一步提高，评审们要在众多优秀提名中选出最终得奖者，并非易事。两位得奖者以创新的方式将优质教育带给更多人，极大地改变了我们对学习方式的认识。"

附录 2014年、2017年、2020年教育学类核心期刊[①]

当前，在许多地方，在核心期刊发表论文还是评正高级教师的刚需。

有人或者会说："我又不想评正高。"

且慢！除非你不想获得专业发展；如果你想获得专业发展，一定要关注核心期刊。学科核心期刊是学科发展的风向标。如果你不知道时代的风往哪一个方向吹，你就无法乘风破浪了。"取法于上，仅得为中；取法于中，故为其下"[②]，我们当然要尽可能地往高处仰望。

可能有人又会说："核心期刊的文章我看不懂，也学不来。"

这的确是个问题。这关涉到读书与写作的方法问题。书总要读看得懂的，写文章也总是从模仿开始。

看不懂的文章就先不看，搁下。但是，有些专家的名声如雷贯耳，看不懂总是于心不甘。比如，笔者看《课程·教材·教法》2020年第4期王荣生的《事实性知识、概括性知识与"大概念"——以语文学科为背景》，看了两三遍，就是不知所云。后来，笔者一边找文后参考文献提供的书目来读，稍稍把"事实性知识""概括性知识"

① 本文的"核心期刊"专指由北京大学图书馆研制的《中文核心期刊要目总览》。

② （唐）李世民著，唐政释译：《帝范》，84页，北京，新世界出版社，2009。

“大概念”等概念弄明白；一边碰到语文老师就问其是否看过王荣生的《事实性知识、概括性知识与“大概念”——以语文学科为背景》，是否读懂了，文章在讲什么。最终，这篇文章被笔者撕开了一个裂口，笔者沿着这个裂口再去剖析全文，大概读懂了一半。就这样，笔者突然间觉得自己对语文教学的认识似乎提高了很多。

读书有两种方法：一种是顺流而下，另一种是逆流而上。前者是学院派读法，如在大学里接受正规的科班教育。而像我这样，一路攻读文学专业，但因工作需要转向教育学的，只好采用后者，半路杀进去，在汹涌的波涛中扑腾，抓到什么算什么，现学现用。

还有一种期刊是要“仰起脖子”读的，比如《人民教育》上的文章，我们要浏览，才能知道中国教育发展的趋势，才不会偏离方向。

然而，并不是所有的核心期刊站位都是如此的高，有些核心期刊还是接地气的。只要肯发掘，孜孜以求，终能找到能发表中小学教师论文的核心期刊。

核心期刊不是静态的，而是动态的，每三年评一次。表2是笔者整理的2014年、2017年、2020年教育学类核心期刊的信息。

表2 2014年、2017年、2020年教育学类核心期刊

期刊名称	2014年	2017年	2020年
教育研究	√	√	√
北京大学教育评论	√	√	√
教育发展研究	√	√	√
清华大学教育研究	√	√	√
比较教育研究	√	√	√

续表

期刊名称	2014 年	2017 年	2020 年
教师教育研究	√	√	√
教育与经济	√	√	√
华东师范大学学报（教育科学版）	√	√	√
教育学报	√	√	√
全球教育展望	√	√	√
外国教育研究	√	√	√
中国教育学刊	√	√	√
教育科学	√	√	√
国家教育行政学院学报	√	√	√
教育理论与实践	√	√	√
现代教育管理	√	√	√
教育探索	√		
教育学术月刊	√	√	√
当代教育科学	√	√	√
教育评论	√		
湖南师范大学教育科学学报	√	√	√
河北师范大学学报（教育科学版）	√	√	√
当代教育与文化	√	√	
中国电化教育	√	√	√
开放教育研究	√	√	√

续表

期刊名称	2014年	2017年	2020年
学校党建与思想教育	√	√	√
学前教育研究	√	√	√
课程·教材·教法	√	√	√
教育研究与实验	√	√	√
教育科学研究	√	√	√
上海教育科研	√	√	√
外国中小学教育（2020年更名为比较教育学报）	√	√	√
人民教育	√	√	√
教学与管理	√	√	
中小学管理	√	√	√
基础教育	√	√	√
中小学教师培训	√		
思想政治课教学	√	√	√
中学政治教学参考	√	√	√
中学语文教学	√	√	√
语文建设	√	√	√
中小学外语教学·中学篇	√	√	√
中小学英语教学与研究	√	√	√
历史教学	√	√	√
中学地理教学参考	√		√

续表

期刊名称	2014 年	2017 年	2020 年
数学教育学报	√	√	√
数学通报	√	√	√
物理教师	√	√	√
中学物理教学参考	√		
化学教育	√	√	√
化学教学	√	√	√
生物学教学	√		
教育与职业	√	√	√
中国特殊教育	√	√	√
民族教育研究	√	√	√
中国远程教育	√	√	
中国成人教育	√		
职业技术教育	√	√	√
中国职业技术教育	√	√	√
职教论坛	√	√	√
继续教育研究	√		
成人教育	√	√	√
基础教育课程		√	
地理教学		√	
物理教学		√	√
远程教育杂志		√	√
现代远程教育研究		√	√
电化教育研究		√	√

续表

期刊名称	2014年	2017年	2020年
现代教育技术		√	
现代远距离教育		√	
当代教育论坛		√	√
苏州大学学报（教育科学版）			√
思想理论教育			√
天津师范大学学报（基础教育版）			√
中国考试			√
中学生物学教学			√

注：打√表示该期刊入选该年度核心期刊。

2022年年底，人力资源社会保障部办公厅下发了《关于进一步做好职称评审工作的通知》，要求合理设置论文和科研成果要求，卫生、工程、艺术、中小学教师等实践性强的职称系列不将论文作为职称评审的主要评价指标等。广东省率先做出回应，在论文评价方面，侧重评估教师的教学思想及论文质量，尤其是要考察论文对教学实践产生的推动作用和实践价值，相对淡化论文刊发期刊的级别。在正高级教师教研科研的申报条件中，增加了三项备选项，并删减了有关论文要发表在“核心期刊”的要求。下面是《广东省中小学教师职称评价标准条件》第三章“正高级教师评价标准条件”之第一节“高中正高级教师评价条件”之第十二条“教研科研条件”之第二款“除具备上述条件外，还需具备以下七项条件中的两项”：

1. 任现职以来，主持1项市级以上本专业教育科学规划课题，通过结题验收或成果鉴定，取得创新性的教育教学研究成果，并较好地把成果转化为教育教学实践。

2. 任现职以来主持或作为主要成员参与(除主持人外排名前3)的教学、教研科研成果获省教学成果二等奖以上。

3. 任现职以来出版发行本专业教育教学类学术著作(本人撰写部分不少于10万字)。

4. 任现职以来独立或作为第一作者在公开发行的专业学术刊物上发表本专业教育教学研究的高水平论文3篇，至少1篇为近3年发表。

5. 任现职以来主编或参编(除主编外排名前3)正式出版的本专业学科教材、通过国家级或省级审定的教师教学用书1部。

6. 任现职以来主持或参与完成省级教研基地项目建设，项目建设取得明显成效，在项目建设中做出了突出贡献；或设计的教育教学资源被省级以上教育行政部门或教研部门采用。

7. 任现职以来主笔或参与(除主笔外排名前3)完成的教育政策研究成果转化为省级以上教育行政部门的政策文件或决策参考。

从中可以看到，国家对论文还是有一定的要求的。作为推进中小学教师教科研的抓手之一，论文写作还是值得大家关注的。

单单阅读期刊是不够的，还需要阅读专家的著作。由于古今中外的教育家、当下的课程改革专家和各学科的专家灿若星辰，限于笔者的学术视野和篇幅，这里无法一一举例。